Gaudí Unseen

Die Vollendung der Sagrada Família

Gaudí Unseen

Die Vollendung der Sagrada Família

MARK BURRY

JOAN BASSEGODA I NONELL

JORDI BONET I ARMENGOL

JAN MOLEMA

CLAUDI ALSINA I CATALÀ

JOSEP GÓMEZ SERRANO

JOS TOMLOW

JORDI FAULÍ I OLLER

JORDI COLL I GRIFOLL

RAMON ESPEL I ROSELL

jovis

Diese Publikation erscheint anlässlich der Ausstellung „Gaudi Unseen. Die Vollendung der Sagrada Familia"
im Deutschen Architekturmuseum (DAM), Frankfurt am Main (15. September 2007 bis 6. Januar 2008).

AUSSTELLUNG

Kurator: Mark Burry

Konzeption: Peter Cachola Schmal, Yorck Förster, Mark Burry, Adam Corcoran, Matthias Haeusler

Design: Adam Corcoran

Koordination Frankfurt: Yorck Förster

Koordination Melbourne: Matthias Haeusler

Koordination Barcelona: TSF Archive: Laia Vinaixa, TSF Design Office: Jordi Faulí und Jordi Coll

Leiter Modellbau: Josep Tallada

Prototypen des Säulenentwurfs für die Passionsfassade: Technische Universität Kaiserslautern, Fachgebiet
Tragwerksentwurf und Konstruktionen 3dMLab; Harald Kloft, Martin Schroth und Andreas Stengelé

Banner, Poster und Einladungskarte: Studio Joachim Mildner, Düsseldorf

Öffentlichkeitsarbeit: Paul Andreas

Registrar: Anke Gabriel

Ausstellungsaufbau: Christian Walter, Detlef Wagner–Walter, Enrico Hirsekorn, Paolo Brunino, Joachim
Müller–Rahn, Herbert Warmuth, Gerhard Winkler, Eike Laeuen, Marina Barry, Beate Voigt, Angela Tonner

Verwaltung: Inka Plechaty, Jeanette Bolz, Julia Nicolai

Filmbearbeitung & Produktion: Dom Evans

PUBLIKATION

© 2007 by jovis Verlag GmbH

Das Copyright für die Texte liegt bei den Autoren, alle Rechte verbleiben bei den Autoren.

Das Copyright für die Abbildungen liegt bei den Fotografen/Inhabern der Bildrechte wie auf Seite 158
aufgeführt.

Alle Rechte vorbehalten.

Herausgeber: Mark Burry

Design & Layout: Adam Corcoran

Übersetzung Englisch-Deutsch: Petra Gaines, Annette Wiethüchter, Kirsten Heininger, Dominik Holzer

Fotos/Abbildungen: Mark Burry und Temple Expiatori de la Sagrada Família

Redaktionsassistenz: Thomas Daniell, Ellen Van Goethem, Jane Burry

Druck und Bindung: GCC Grafisches Centrum Cuno, Calbe

Bibliografische Information der Deutschen Bibliothek

Die Deutsche Bibliothek verzeichnet diese Publikation in der Deutschen Nationalbibliografie; detaillierte
bibliografische Daten sind im Internet über http://dnb.ddb.de abrufbar.

jovis Verlag
Kurfürstenstraße 15/16
10785 Berlin

www.jovis.de

ISBN 978–3–939633–45–7
ISBN (Museumsausgabe) 978-3-939633-89-1

UMSCHLAGBILD: Blick durch das halb fertiggestellte
Oberlicht eines Deckengewölbes der zentralen Vierung in
60 Metern Höhe über dem Bodenniveau auf die erste von
Gaudís Turm-Kreuzblumen, die kurz vor seinem Tod 1926
fertiggestellt wurde.

INHALT

VORWORT
PETER CACHOLA SCHMAL
YORCK FÖRSTER

1 Blick auf die Fassade
der Geburt Christi
(Weihnachtsfassade)
bei Sonnenaufgang
(2000).

Wohl kaum ein Besucher kann sich dem Eindruck der Baustelle der Sagrada Família in Barcelona entziehen. Gewiss, allein die Dimensionen des unvollendeten Bauwerks haben etwas Überwältigendes. Vor allem aber ist die Kirche architektonische Essenz. Sie ist die Umschreibung des Raumes, Form und gegliederte Masse, die sich im Spiel des Lichts in scheinbare Leichtigkeit auflöst. Sie ist dabei aber auch das Ergebnis eines Entwurfsansatzes, der ästhetische und konstruktive Überlegungen vereinte und nicht zuletzt auch die praktische Umsetzung einbezog.

Die Wahrnehmung von Gaudís konstruktivem Genius entwickelte sich in Deutschland in den vergangenen Jahrzehnten kontinuierlich weiter. Die Redaktion von Bauen und Wohnen schickte 1960 einem Aufsatz über Gaudí noch die Anmerkung voraus: „Gaudí gilt als ein Vertreter einer phantastischen Architektur. Die folgende Arbeit zeigt, dass es die Phantastik eines suchenden Geistes ist, der sich im Lauf der Entwicklung objektiven Gesetzen untergeordnet hat."

Ein wichtiger Schritt, Gaudí vom Stigma des Phantasten zu befreien, war die 1960 in Deutsch erschienene Monografie von James Johnson Sweeney und Lluís Serts. In ihrer Arbeit gingen die Autoren auch auf die konstruktiven Überlegungen Gaudís bei der Planung der Sagrada Família ein. Für Gaudí galt es, die „krückenhafte" Hilfskonstruktion gotischer Kathedralen zu überwinden, bei denen der Seitenschub der Gewölbe durch Strebepfeiler aufgenommen wird. In der realisierten Krypta der Kirche in der Colonia Güell verwendete er deshalb geneigte Stützen, deren Anordnung dem nicht vertikalen Kräfteverlauf aus der Überkonstruktion entspricht. In der langen Genese des Entwurfs zur Sagrada Família wurden daraus die Baumstützen im Schiff der Kathedrale und die mächtig aufragenden schrägen Stützen am Portal des westlichen Querschiffs.

Der Blick der 1960er Jahre auf den Konstrukteur Gaudí war gleichzeitig gebannt von den in der Vorhalle der Krypta in der Colonia Güell ausgeführten Hyperboloid-Schalen. Sie erschienen als Vorwegnahme der großen Betonschalenkonstruktionen der damaligen Zeit, wie sie etwa der mexikanische Ingenieur Félix Candela entwarf.

Es dauerte zwei weitere Jahrzehnte, bis die Formfindungsmethode von Gaudí in den Fokus der Betrachtungen rückte, zunächst durch die 1976 von Jan Molema gegründete Forschungsgruppe an der Technischen Universität Delft. Schließlich kam es 1982 zu der Rekonstruktion des verloren gegangenen Hängemodells der Kirche in der Colònia Güell durch die Arbeitsgemeinschaft um Rainer Graefe, Frei Otto, Jos Tomlow und Arnold Walz am Institut für leichte Flächentragwerke (IL) an der Universität Stuttgart. Der Fokus lag hier auf dem Potenzial eines Entwurfswegs, der nicht nur auf dem Papier stattfindet, sondern in ein direkt anschauliches und veränderbares dreidimensionales Modell mündet.

Noch einmal gut 20 Jahre später hat sich durch den Computer und die Möglichkeit parametrischer Modellierung abermals die Betrachtungsperspektive verschoben. Die Analyse der noch unter Gaudí entstandenen Teile der Sagrada Família und die Rekonstruktion der im Spanischen Bürgerkrieg (1936–39) fragmentierten Gipsmodelle hat gezeigt, dass der Architekt für den Entwurf der Kirche gewissermaßen einen Kodex aus geometrischen Regelflächen, vornehmlich Hyperboloiden, Paraboloiden, Konoiden und Helikoiden in unterschiedlichen Maßsequenzen verwendet hat. Wesentliche Forschungen dazu hat Mark Burry am Spatial Information Architecture Laboratory (SIAL) in Melbourne betrieben. Mit Hilfe einer ursprünglich aus dem Schiffbau stammenden Software (CADDS5 und CATIA) wurde Gaudís komplexe Entwurfsidee in dreidimensionale Datensätze übersetzt. Sie bilden heute die Arbeitsgrundlage für die Steinmetze beim Bau der Kathedrale. Umgekehrt wurde daraus verständlich, wie Gaudí zu seinen Lebzeiten vorging, um ohne Hilfe von Computern den Handwerkern vor Ort die einzelnen Werkstücke zu beschreiben.

So gilt die Perspektive der Ausstellung und dieses begleitenden Buches der inhärenten geometrischen Systematik in Gaudís Entwurf und der Umsetzung bei der Vollendung der Sagrada Família – die auch nach 125 Jahren Bauzeit eines der außergewöhnlichsten Bauprojekte der Gegenwart darstellt.

Erschöpfend behandelt ist damit weder dieses Projekt, das die Quintessenz in Gaudís Schaffen darstellt, noch sein Werk insgesamt. Zumindest aber kann im Hinblick auf die neueste Forschung über die Sagrada Família in Ansätzen eine Lücke geschlossen werden, die in Deutschland die beiden Ausstellungen über Gaudís Werk 2002 an der Universität Stuttgart und 2004 im Paula Modersohn-Becker Museum in Bremen gelassen haben.

Entstanden ist die Ausstellung und die begleitende Buchpublikation durch eine Kooperation des Deutsches Architekturmuseums (DAM) mit dem Spatial Information Architecture Laboratory (SIAL) des Royal Melbourne Institute of Technology (RMIT) und des Baubüros des Temple Expiatori de la Sagrada Família. Dessen Direktor Jordi Bonet i Amengol und allen Autoren des Buches sei an dieser Stelle herzlich für die freundliche Zusammenarbeit gedankt.

Möglich wurde die Kooperation von Institutionen in drei Ländern nicht zuletzt durch die Unterstützung des Institut Ramon Llull, das sich im Rahmen des Ehrengastauftritts der katalanischen Kultur auf der Frankfurter Buchmesse freundlich bereit erklärt hat, die Ausstellung und die Publikation zu fördern.

Peter Cachola Schmal
Direktor Deutsches Architekturmuseum
Yorck Förster
Ausstellungskoordinator „Gaudí Unseen"

Blick durch das
Querhaus nach
Osten auf die
Weihnachtsfassade
(2004).

Von April bis Juni des Jahres 1910 feierte man im Grand Palais in Paris das Werk von Antoni Gaudí. Dies löste einen bemerkenswerten Nachhall in der öffentlichen Meinung der Pariser aus und half, das Werk Gaudís bei Nordeuropäern und Amerikanern bekannt zu machen. Seither haben verschiedene Städte Ausstellungen seiner Werke organisiert. Heute danken wir der Initiative des Deutschen Architekturmuseums und dem Design Institut der RMIT University mit Unterstützung des Ramon Llull Instituts sowie der Mitarbeit unseres eigenen Instituts für eine Ausstellung, die den aktuellen Stand des Projektes der Vollendung der Sagrada Família unter Berücksichtigung der maßgeblichen Gipsmodelle, der Geometrie und Architektur Gaudís beleuchtet. So wie im Rahmen des Sagrada-Família-Projekts ein in Zusammenarbeit mit dem Architekten Jujol koloriertes Modell der Sagrada Família gemeinsam mit Fotografien seiner Konstruktion und einer Ansicht eines der lateralen Kirchenschiffe in Paris ausgestellt wurde, so präsentiert man jetzt in Frankfurt vor dem Hintergrund des Gesamtprojekts und der Konstruktion dieser Wände auch das Interieur des Kirchenschiffs, welches 2010 vollendet werden wird. Wir wissen, dass dieses Unterfangen, das durch eine fundierte Analyse des ursprünglichen Projektes von Gaudí sowie durch den Einsatz modernster Technologie und die Anfertigung von Zeichnungen und Gipsmodellen möglich wurde, die Bauarbeiten an der Kirche vorangebracht hat und es somit einen interessanten Beitrag zur architektonischen Kultur unserer Gegenwart darstellt.

Xavier Miralles
Generaldirektor des Bauausschusses des Temple Expiatori de la Sagrada Família

1 Weihnachtsfassade bei Sonnenaufgang im Frühsommer (2006).

2 Passionsfassade in der Nachmittagssonne im Spätwinter (2004).

Antoni Gaudí starb 1926, nachdem er 48 Jahre als Architekt tätig gewesen war. Mehr als 80 Jahre später hat eine der weltweit in architektonischer Hinsicht komplexesten Persönlichkeiten nichts von ihrer Anziehungskraft verloren, er ist und bleibt ein Rätsel. Er ist bekannt für seinen ausgeprägten Wagemut und seine Intelligenz: Persönlichkeitsmerkmale, die sich ausnahmslos auf alle seine Projekte auswirkten. Bei einer ersten Begegnung mit Gaudís Architektur ist der Betrachter erstaunt; und mit jeder erneuten Begegnung werden sich dieser Eindruck sowie das Verständnis für seine Arbeit vertiefen.

Alle seine Projekte, insbesondere die späteren, zeichnen sich durch eine reiche Ausgestaltung der Details und ein komplexes Vokabular aus. Gaudí hatte ein herausragendes kreatives Gestaltungstalent und ihn verband eine besondere, anerkennende Liebe mit seiner natürlichen Umgebung und deren Integration in die Architektur, wie wir sie alle kennen. Die Mehrheit der Gebäude ist äußerst komplex, dabei jedoch kohärent. Viele von ihnen haben eine nahezu unmöglich erscheinende Fragilität und, so scheint es, kaum tragfähige Konstruktionen und doch stehen sie alle bis heute. Ohne die Unterstützung der einschlägigen autobiografischen Fakten, wie sie viele seiner Kollegen auf so zuvorkommende Weise zur Verfügung stellen, versuchen Architekturkritiker hinter die intensive Farbwelt der Gebäude, ihre Formen und Strukturen, ihre Bezüge, innovativen Arrangements, ihre Statik und ihre Tragwerke zu schauen und den Gedankenkosmos Gaudís zu durchdringen. Was wissen wir tatsächlich über den Gestalter Gaudí? Wie beurteilen wir ihn und welchen Platz räumen wir ihm unter seinen Zeitgenossen und heutigen Architekten ein? Hat er als kreatives Genie jemals Erfüllung gefunden?

Was können wir aus Gaudís Schaffen ableiten, angesichts der Tatsache, dass er so gut wie keine schriftlichen Zeugnisse über seine Beweggründe, seine Theorien und seine Vorgehensweise hinterlassen hat? Was hat ihn dazu veranlasst, etliche Grenzen zu überschreiten? Wie können wir seine Architektur als Spiegel seiner individuellen Suche nach dem Ganzheitlichen und seiner persönlichen Errungenschaften analysieren? Wenn

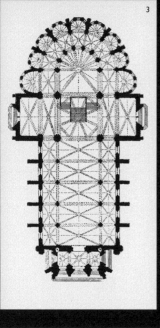

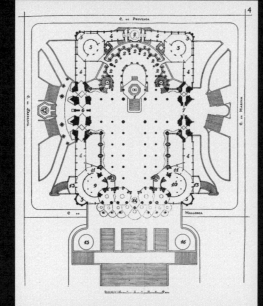

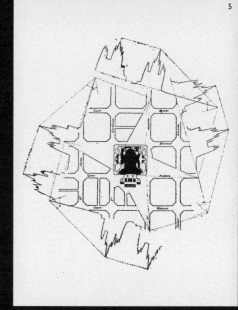

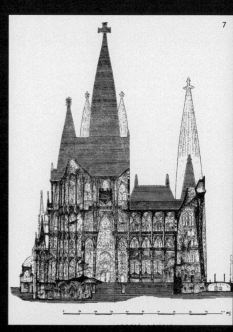

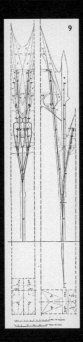

8

9

wir einen etwas eingehenderen Blick unter die Oberfläche werfen, was verrät uns dann seine Arbeit – was können wir dann sehen, was wir normalerweise nicht wahrnehmen?

Die Ausstellung „Gaudi Unseen", begleitet von diesem Katalog, bietet die ein oder andere Antwort auf dieses Rätsel. Untersucht wird der einzigartige Gestaltungsprozess, welcher die letzte Phase von Gaudís Karriere kennzeichnete, einer Phase, die ohne Unterbrechung zwölf Jahre seines Lebens bis zum Tag seines Unfalltodes in Anspruch nahm. Dabei würde schon jede gewöhnliche Ausstellung mit Fotos und Modellen von Gaudís Arbeiten sicherlich das Auge des Betrachters länger auf sich ziehen, als es normalerweise der Fall wäre: Es gibt wahrscheinlich niemanden, der ihm gleichkommt.

Die unzähligen Publikationen über Gaudís Arbeit machen trotz ihrer eingehenden und intensiven Beschäftigung mit ihrem Sujet deutlich, dass die meisten keine Interpretation der ganzheitlichen Bedeutung seiner Gebäude liefern können, die über das Auffassungsvermögen der Kunstkritik hinausgeht – es wird vielmehr in erster Linie die visuelle Seite des Künstlers Gaudí beleuchtet: das gestalterische Ergebnis, das auf der Ebene der bewohnbaren skulpturalen Architektur oftmals als Kunst aufgefasst wird. Man erfährt fast nichts über die andere Seite der Gleichung: den Gestaltungsprozess. Mit außerordentlicher Eloquenz, wobei die biografischen und historischen Berichte von detaillierten visuellen Betrachtungen seiner Arbeit unterstützt werden, werden die Kunst und nicht die ihr zugrunde liegenden Gestaltungstechniken in den Mittelpunkt gestellt. Es sind jedoch Gaudís Techniken, die, obwohl man das Innovative an ihnen schon einmal hervorgehoben hat, in unserer postdigitalen Ära mehr Fragen aufwerfen, als durch eine einzelne, fundierte kunstwissenschaftliche Studie beantwortet werden kann. Wie kann ein solches Gebäudevolumen von derartig schmalen Stützen gehalten werden? Woher hatte Gaudí die Idee für die Trencadis (Mosaiken aus gebrochenen Keramikfliesen und Glas)? Wie hat er diese durch Zeichnungen nicht vermittelbare und auf den ersten Blick nicht umsetzbare Technik den Handwerkern erklärt, die damit beauftragt waren,

seine Träume gebaute Realität werden zu lassen? Wie gestaltete sich die Beziehung der beauftragten Künstler für Dekorations- und Bildhauerarbeiten zu den Handwerkern, wo doch die Trennung von Kunst und Handwerk hier kaum zu definieren ist – wo verliefen die Grenzen des Kunsthandwerks? Die Antworten auf solche Fragen sind irreführend, wenn sie den gängigen Analysemethoden der Zeit unterworfen wurden, und werden umso schwieriger, da die Epoche des Architekten in immergrößere Ferne zu der des Forschers gerät, denn sie liegt nunmehr fast ein Jahrhundert zurück.

Im Falle Gaudís sind die anhaltenden Bemühungen, sein opus magnum, die Sagrada Família in der Nähe des Zentrums von Barcelona zu vollenden, eine gute Möglichkeit, wie durch eine Art Schlüsselloch beobachtend, Erkenntnisse über seine einzigartige Vorgehensweise zu gewinnen. Obwohl die Sagrada Família nicht unbedingt sein charakteristischstes Projekt ist, ist sie dennoch eine Art lebendiges Labor, das die Hauptaspekte seiner gestalterischen Arbeitsweise vor Augen führt, ein Projekt, dem er 43 Jahre seines Lebens widmete, wobei er in den letzten zehn oder mehr Jahren zugunsten dieser Kirche auf die Arbeit an jeglichem anderen säkularen Projekt verzichtete.

Zur Zeit seines Todes, im Alter von 74 Jahren, so möchte man annehmen, hatte er sich wohl mit den Besonderheiten, die seine Mission als Architekt charakterisierten, gut eingerichtet – eine Mission, die er in jedem Aspekt seiner gestalterischen Herangehensweise aufleben ließ. Die Bemühungen, dieses Projekt zu vollenden, dauern seit nunmehr 125 Jahren, seit der erste Stein des Fundaments gelegt wurde, unvermindert an. Die unterschiedlichen Strategien für die Fortführung des Projekts wurden posthum dargelegt; sie waren ursprünglich unsichtbar im Gebäude selbst verborgen, aber mit dem Versuch, das Projekt voranzutreiben, wurden sie offengelegt. Daher wissen wir, dass Gaudí in seinen letzten Lebensjahren etwas mitteilsamer wurde. Normalerweise mögen Architekten solche Bedingungen ganz und gar nicht, insbesondere die Notwendigkeit, den Steinmetzen komplexe

Oberflächen zu erklären, die diese schließlich umsetzen müssen – vor allem, wenn der Entwurf wie bei Gaudí auf der Vermittlung einer raffinierten Geometrie beruhte. Nach einer langen Karriere mit verschiedenen bitteren Rückschlägen hatte Gaudí einen geometrischen Kodex entwickelt, der erst nach seinem Tod durch den Fortgang der Arbeiten an der Sagrada Família enträtselt werden konnte. Ohne diese direkte Beschäftigung mit seinen tatsächlichen Arbeitsmethoden hätte sich wohl nie die Gelegenheit ergeben, einen Blick auf die wesentlichen Aspekte von Gaudís Arbeitsweise zu werfen, die ansonsten höchstwahrscheinlich unentdeckt geblieben wären.

Das geometrische Prinzip ist für die Besucher der Ausstellung und die Leser dieses Katalogs offengelegt – nicht durch mathematische Ausführungen für Eingeweihte, sondern vielmehr durch eine Abfolge visueller Exposés oder Einblicke. Die Einführung der Ausstellung beginnt mit einer vorsichtigen Sondierung der drei großen fehlgeschlagenen Projekte, die die Endphase der säkularen Bauten in der Mitte der Karriere Gaudís sicherlich überschattet haben. Den Anfang bilden die innovativen Ausgangsideen für diese drei Projekte, deren Fortgang jeweils in einem Desaster endete. Das erste Projekt ruft uns die bedeutende Rolle in Erinnerung, die die Colònia-Güell-Kirche in Santa Coloma de Cervalló in der Geschichte der Architektur innehat – und dies, obwohl nach der Fertigstellung der Krypta der eigentliche Bau abgebrochen wurde. Es folgt eine kurze Momentaufnahme der positiven Aspekte von Park Güell, der gescheiterten Gartensiedlung am Stadtrand, bei der lediglich zwei von insgesamt 60 geplanten Häusern jemals gebaut wurden. Das dritte Projekt, das mit einem Missklang endete – dennoch zählt es zu den spektakulären Bauten der westlichen Architektur – ist der Wohnblock Casa Milà. Eine schwierige Beziehung zum Auftraggeber führte schließlich dazu, dass die spirituelle „Stimme" des Gebäudes zum Schweigen gebracht wurde. In einem nicht damit zusammenhängenden Gerichtsverfahren erstritt Gaudí die Auszahlung seines Honorars – nur um dieses unmittelbar an eine religiöse Wohltätigkeitsorganisation zu stiften.

14 Die Sagrada Família mehr oder weniger im Zustand der Fertigstellung zur Zeit von Gaudís Tod im Juni 1926. Er hätte nur die Turmspitzen des ersten Glockenturms hinter dem Baugerüst hervorscheinen gesehen.

15 Weihnachtsfassade gesehen von Nordosten in den Jahren zwischen Gaudís Tod und dem Spanischen Bürgerkrieg (1936–39).

16 Blick über das Dach von Gaudís Studio in Richtung Weihnachtsfassade (1953).

Casa Milà stellt den Abschluss von Gaudís Angriff auf den rechten Winkel und die Vertikale in Bezug auf private Wohnungsbauprojekte dar. Obgleich die Fassade der Ansicht eines Steinbruchs ähnelt (daher der populäre Name „La Pedrera"), verbirgt sich hinter dem Zuckergussmauerwerk eine komplette Stahlrahmenkonstruktion, die auf einer speziellen Schiffswerfttechnologie beruht – bei dem Stein handelt es sich um massives Blendmauerwerk. Diese drei Projekte fanden alle in der Zeit von 1912–14 einen wenig zufriedenstellenden Abschluss. Zusammen sind sie der leise Auftakt für eine repräsentative Auswahl von Modellen, die die Vollendung der Sagrada Família unterstützend begleiten sollten. Ihre Darstellung, zunächst in Form von Handzeichnungen und schließlich als computergestützte Entwurfstechniken, werden durch unterschiedliche Medien in der Ausstellung selbst erklärt, in diesem Katalog geschieht dies eher durch Bilder als durch Text. Die Fragmente der erhaltenen Gipsmodelle, die Beispiele gezeichneter und computerbasierter Dokumentation, werden von Filmaufnahmen von Handwerkern unterstützt, die an diesen Modellen arbeiten – ein Prozess, der seit dem Tode Gaudís praktisch ununterbrochen in einer Ausbildungswerkstatt fortgeführt wurde. Dies wird von Computeranimationen begleitet, die seine bemerkenswerte Theorie, die hier in die Praxis umgesetzt wird, erläutern. Ausschnitte daraus wurden in den Katalog aufgenommen.

Indem die Ausstellung im Deutschen Architekturmuseum in ihrer Dokumentationsfunktion technisch sehr umfangreich ist, nimmt sie sich Gaudí sozusagen zum Vorbild und gibt dem wissbegierigen Besucher die Möglichkeit, für sich zusätzliche kontextuelle Ebenen kultureller Bedeutung zu entdecken. Die Darstellung einzelner in Ausführung begriffener Gestaltungsprozesse, die deutlich eine kunsthandwerkliche Genialität verraten, die ansonsten in dieser Form zu Gaudís Zeiten nicht anzutreffen war und wohl auch nicht 80 Jahre später in der postdigitalen Praxis unserer Gegenwart, fesselt unsere Aufmerksamkeit. Aber so, wie Gaudí es ohne Zweifel nicht anders angeregt hätte, bietet die Ausstellung

verschiedene Ebenen kultureller Überlagerung, die drei unterschiedlich kuratierte Lesarten der Bedeutung von Gaudís experimentellem Arbeitsparadigma der unsichtbaren Ordnung eröffnet: Säulen, Fenster und gewölbte Decken. Weder soll der spezifische Gestaltungsprozess Gaudís im Einzelnen dargelegt noch soll die Sagrada Família als Gebäude gedeutet werden, vielmehr ist es Ziel der Ausstellung, dem Betrachter den Reichtum von Gaudís Arbeit nahezubringen, der sein einmaliges Werkportfolio noch unterstreicht und den anspruchsvollen Besucher dazu veranlasst, den Architekten der gebauten Umgebung unserer Zukunft einiges mehr abzuverlangen.

Ausstellung, Kataloginhalt und -aufteilung

Die Ausstellung und der Katalog sind in drei Abschnitte unterteilt:

Der erste Abschnitt *Historische Einblicke* bietet einen kontextuellen Überblick über die Sagrada Família, indem jene Aspekte der Projekte Colònia-Güell-Kirche, Park Güell und Casa Milà einer visuellen Untersuchung unterzogen werden, die Gaudí als nicht vollendet oder gescheitert betrachtete – Projekte, die ihm jedoch den entscheidenden Impuls gaben, seinen Gestaltungsansatz in den folgenden Jahren in eine andere Richtung zu lenken. Dieser Abschnitt schließt eine Auswahl von Bildern ein, die die Chronologie des Gestaltungsprozesses der Sagrada Família darstellen. Sie zeigen die langsame Herausbildung des Gebäudes, das ursprünglich von Feldern umgeben war, die vor der rasant wachsenden Stadt Barcelona lagen, aber sich schnell zu einem Vorort entwickelten, in dem vor allem Angehörige der Arbeiterklasse wohnten. Zudem wird die Bedeutung der Sagrada Família als gemeinsamer Nenner im breiten Spektrum von Gaudís Gesamtwerk herausgestellt.

Im zweiten Abschnitt der Ausstellung *Gestalterische Einblicke* sind drei maßgebliche Beispiele von Gaudís endgültigen Modellen für die Sagrada Família zu sehen, die die abschließende „Phase der Gestaltung" bezeichnen. Dieser Abschnitt bildet den Übergang zwischen

17

18

19

20

Innenbereich der
Sagrada Família,
gesehen von
Südwesten (1963).

Passionsfassade in Bau,
gesehen von Westen
(1969).

Ansicht der
Passionsfassade,
gesehen von
Südwesten (1971).

Passionsfassade:
Konstruktion des
Glockenturms kurz vor
Beginn der Arbeiten
an den mit Mosaik
gedeckten Turmspitzen
(1973).

Aushubarbeiten für
die Fundamente der
Passionsfassade (1954).

Passionsfassade kurz
vor der Fertigstellung,
von Südwesten
gesehen (1976).

diesem ersten Abschnitt der Ausstellung und dem dritten, *Konstruktive Einblicke*, der Gaudís neuem Gestaltungsprozess gewidmet ist. Zu den ausgestellten Modellen gehört das Obergaden-Fenster in einem Format von 1:10, eine Auswahl seiner Stützen für das Hauptschiff der Kirche in unterschiedlichen Größen sowie einige der zentralen Kreuzdeckengewölbe, die sich zur Zeit noch im Bau befinden. Die Positionierung und Beschreibung der Modelle in der Ausstellung und auch im Katalog sind so gestaltet, dass sie sowohl den Ausstellungsbesucher als auch den Leser ansprechen. Das visuelle „Fenster" der Modelle gewährt dem Ausstellungspublikum und dem Leser des Katalogs Einblicke in den kreativen Prozess Gaudís und demonstriert die Aktualität seiner ausgereiften Arbeitsmethodik in allen Einzelheiten. Nach seinem tragischen und unerwarteten Tod wurde der Bau fortgesetzt, um die vielen ihm innewohnenden Versprechen zu realisieren. Wenn wir heute angesichts eines nahezu vollendeten Kircheninnenraums in Barcelona voller Bewunderung sind, sollten wir uns auch vor Augen führen, dass Gaudí selbst niemals das Ergebnis seines beispiellosen Entwurfs der Umsetzung eines Gebäudegerüsts zu sehen bekommen wird, das auf den ersten Blick nicht realisierbar schien. Er sah die ersten der vorgesehenen achtzehn Turmspitzen des Gebäudes und ließ das Gerüst an der Weihnachtsfassade kurz vor seinem Tod entfernen. Die darauf folgende Entwicklung des Baus sollte dieser großartige Künstler niemals zu sehen bekommen, aber die Tatsache, dass er die letzten zwölf Jahre seines Lebens ausschließlich der Beschreibung der Sagrada Família gewidmet hat, ist ein Vermächtnis, das in seiner kreativen Vielfältigkeit und Fundiertheit zumindest die Nachwelt in Augenschein nehmen kann.

Überblick

Der baugeschichtliche Beginn der Sagrada Família geht auf ein Projekt zurück, das von der Associació Espiritual de Devots de Sant Josep (Geistliche Vereinigung der Verehrer des Heiligen Joseph) unterstützt wurde, einer Gruppe engagierter Bürger, die nach der Gründung ihres Vereins 1866 beschlossen, dass die rasch anwachsende Arbeiterklasse, die sich im Rahmen der katalanischen industriellen Expansion in der Mitte des 18. Jahrhunderts herausbildete, den Bau einer neuen Kirche notwendig machte. Man erwarb ein Grundstück im vor der Stadt gelegenen Eixample, eine Erweiterung der Stadt über die enge Begrenzung durch die mittelalterlichen Mauern hinaus, wobei die Stadtplaner damals schon mit dem nunmehr charakteristischen Raster der oktagonalen Straßenkreuzungen arbeiteten. Nach dem Erwerb des Grundstücks erhielt der Architekt Francesc del Villar den Auftrag, den Entwurf für eine Kirche zu liefern, die 1882 noch als vergleichsweise bescheidenes Projekt geplant war. Ein Jahr später trat er nach einer Auseinandersetzung über die verwendeten Baumaterialien zurück – die Auftraggeber versuchten wo auch immer Einsparungen vorzunehmen, und del Villar war aus professionellen Gründen nicht bereit, diese Politik mitzutragen. 1883 wurde der noch sehr junge Antoni Gaudí für das Projekt verpflichtet, das sein opus magnum werden und ihn für die nächsten 43 Jahre bis zu seinem Tod 1926 beschäftigen sollte.

Angesichts der damaligen Umstände war die Verpflichtung Gaudís eine eher überraschende Entscheidung. Als Sohn eines Kupferschmieds, der lediglich aus einer südlichen Provinz nach Barcelona gezogen war, weil er hier einen Studienplatz erhalten hatte, hatte er 1878 nach einer eher unspektakulären studentischen Laufbahn hier seinen Abschluss gemacht. Sicherlich konnte er einige Laternenmasten auf der Plaça Reial und in der Nähe von Llotja vorweisen und man streitet darüber bis zu welchem Umfang Casa Vicens zum Zeitpunkt der Vergabe des Auftrags an ihn fertiggestellt war. Unter del Villar befand sich bereits die Krypta unter der Apsis im Aufbau und die großzügigen, auf einem lateinischen Kreuz basierenden Abmessungen des gesamten Gebäudes waren definiert. Zur Zeit der Auftragsvergabe an Gaudí betrachtete man ihn zweifellos als eine sichere Wahl, da man ihm als jungem Architekten die Umsetzung eines bereits ausgearbeiteten Gestaltungsentwurfs und bereits begonnenen Baus in die Hände legen konnte. Eine

23

23 Blick über das Dach des technischen Büros (Mitte), der damaligen Archive der Sagrada Família und der Verwaltung in Gaudís ehemaliger Gemeindeschule (rechts). Im Hintergrund die emporwachsenden Wände des Seitenschiffs (1983).

24

25

26

Reihe von Umständen lenkte das Projekt jedoch schließlich in eine ganz andere Richtung.

Der vollständige Name des Gebäudes ist Temple Expiatori de la Sagrada Família (Sühnekirche der Heiligen Familie). Sie wurde Joseph, dem Vater von Jesus Christus gewidmet und galt in einer Zeit, in der der Familienzusammenhalt angesichts der industriellen Revolution und ihrer Folgen bedroht schien zugleich als Symbol des Stammesvaters. Die neue Kirche, die als Ort der Sühne der Sünden im Namen der Heiligen Familie gedacht war, sollte auf der Idee des Opfers beruhen und entsprechend wurden die Spenden zu ihrer Errichtung auf der gleichen Basis zusammengetragen. An einer prominenten Stelle der Weihnachtsfassade befindet sich ein Pelikan aus weißem Marmor, der an seiner Brust pickt, um seine Jungen in harten Zeiten mit seinem eigenen Blut zu nähren. Bis heute wird der Bau aus Spenden finanziert und in zunehmendem Maße auch durch die 2,6 Millionen Besucher, die jährlich die Kirche besuchen – ihre Zahl wächst beständig. Zu Gaudís Zeiten, als die Spender nur einen kleinen Teil der Kirche fertiggestellt sahen, gab es eine Periode finanzieller Knappheit, die sich wiederum negativ auf den Fortgang des Baus auswirkte und damit den Glauben der Spender erschütterte. Diese fragten sich, ob ihre Zuwendungen denn sinnvoll eingesetzt würden. Ein Zusammentreffen solcher Umstände und ein großes Vermächtnis im Jahr 1892 veranlassten Gaudí, den Bau der Weihnachtsfassade zügig voranzutreiben. Diese Fassade, die sich am Ende des östlichen Querschiffes befindet und auf die Vororte hinausgeht, die sich zu jener Zeit langsam um die die Sagrada Família umgebenden Felder herausbildeten, zeigt die Geburt Jesu im Licht der aufgehenden Sonne. Gaudí war überzeugt, dass die notwendigen Spenden weiterhin getätigt würden, wenn er sich auf ein Element des Gebäudes konzentrieren und dieses so schnell und hoch wie möglich errichten würde. Es war um diese Zeit, dass sich die Zielsetzung des Projektes änderte und der Bau sich in seinen Dimensionen eher einer Kathedrale als der ursprünglich geplanten Pfarrkirche im typisch neugotischen Stil annäherte. Insofern stellte dies auch eine Bewegung dar, die von den gotischen Vorgängern weg führte, hin zu einer von Gaudí durchdrungenen und geprägten Architektur.

Das Projekt deckte zeitlich fast Gaudís gesamte Karriere als Architekt ab – 43 von insgesamt 48 Jahren. Es liegt nahe, diesen Werdegang in drei sich überschneidende Phasen zu unterteilen – wobei bestimmte Aspekte oder Tendenzen der einzelnen Phasen teilweise auch in den anderen als Spuren zum Tragen kamen, man sollte also die Unterteilung nicht allzu strikt sehen. Die erste Phase, die den Beginn der Projekte markiert, die die Casa Batlló (1904–06) einschließen und unmittelbar darauf folgen, ist durch einen starken historizistischen Akzent und Eklektizismus gekennzeichnet, der für diese Zeit nicht ungewöhnlich war. Besucher von Barcelona, die die Stadt das erste Mal besuchen und vielleicht nicht allzu viel über ihr architektonisches Erbe wissen, das bis zu den römischen Gründern und Besetzern zurückreicht, mögen vielleicht angesichts der Tatsache überrascht sein, dass Gaudí einer unter mehreren Architekten war, deren Arbeit durch einen ungewöhnlichen Überfluss geprägt war. Als Teil der Renaixença verband Architekten wie Puig i Gadafalch und Domènech i Montaner sowie Gaudí der Wunsch, einen architektonischen Beitrag zur Wiederbelebung der katalanischen Kunst und Kultur zu leisten. Während diese Architekten viele Gemeinsamkeiten zu haben scheinen, zeigte Gaudí von Anfang an ein tiefer gehendes Gespür für die Möglichkeiten einer Architektur, die über die lediglich um Ausdruck bemühte Gestaltung von Kultur hinausging und die stilistischen Beschränkungen der Klassik oder des Mittelalters hinter sich ließ. Seit seiner Jugend betrachtete er die Natur als seine wichtigste Inspirationsquelle und anhand des Verlaufs seiner Karriere lässt sich gut nachvollziehen, welch zunehmend großen Stellenwert die Beschäftigung mit ihr einnahm und wie sich dies in seiner Arbeit niederschlug. Bedeutende Projekte aus dieser Periode sind Casa Vicens, Finca Güell, Palau Güell, Collegi de les Teresianes, Bellesguard und weitere Gebäude, die er im Norden Spaniens errichten ließ.

Wenn das Eklektizistische charakteristisch für die Bewegung der Renaixença war, so zeichneten sich die Projekte der folgenden Bewegung vielleicht durch eine noch größere augenscheinliche Extravaganz aus: den

33

Modernisme. Nicht mit dem Modernismus zu verwechseln, gab diese Bewegung, die von 1890 für mindestens zwei Jahrzehnte anhielt, der katalanischen Kultur den entscheidenden künstlerischen und literarischen Impuls, sich von der Vergangenheit endgültig loszulösen und damit auch von den damit einhergehenden historischen Verbindungen mit Spanien, die Katalonien in dieser Form nicht freiwillig gewählt hatte. Der Modernisme kann mit den anderen verbreiteten Formen des europäischen Zeitgeists verglichen werden, wie dem Art Nouveau, dem Stile Liberty und dem Jugendstil, aber Gaudí ist wohl weniger als einer seiner Vorreiter zu betrachten als vielmehr als zufälliger Mitreisender. Diese Annahme gründet auf der Tatsache, dass Gaudí unabhängig von den ästhetischen und kulturellen Prioritäten dieser Epoche seine Projekte wohl mit unverminderter Kraft vorangetrieben hätte. Möglicherweise kamen ihm die Voraussetzungen dieser Zeit auf eine Art und Weise entgegen, die die Entwicklung solch beispielloser Projekte wie Casa Batlló, Casa Milà, die Colònia-Güell-Kirche und den Park Güell ermöglichten. Dies sind die Projekte, die gewöhnlich als der Gipfel seiner Karriere bezeichnet werden, von dem aus er in die Periode des Noucentisme eintrat, der 1906 als neoklassizistische Gegenbewegung die Exzesse des Modernisme ablöste. Es scheint mehr als unwahrscheinlich, dass Gaudí wie zum Beispiel Puig i Gadafalch eine solche Kehrtwendung in seiner Karriere mitgetragen hätte, daher rührt meine Zurückhaltung, ihn völlig mit den Vertretern des Modernisme auf eine Ebene zu stellen. Dieser Hypothese kann jedoch nicht auf den Grund gegangen werden, da die plötzliche Hinwendung zur neoklassizistischen Orthodoxie für Gaudí nicht in Frage kommen konnte, da die Bauzeit seiner Gebäude so viel Zeit in Anspruch nahm. Und selbst wenn seine Auftraggeber diesen Richtungswechsel gewünscht hätten, wäre dies nicht möglich gewesen, da Park Güell, Casa Milà und die Colònia-Güell-Kirche 1906 noch lange nicht fertiggestellt waren, also zu jenem Zeitpunkt als der Vorkämpfer der neuen Bewegung, Eugeni d'Ors verkündete, dass der

Individualismus und der Geist der Bohème, die den Modernisme prägten, durch jene Ordnung und Disziplin ersetzt werden müssten, die große Teile Europas in den folgenden Jahren kennzeichnen sollten.

Wenn die Auftraggeber nicht in der Lage waren, ihren Architekten hinsichtlich seines stilistischen Ansatzes zu beeinflussen, konnten sie Gaudí dennoch auf ganz andere und wirkungsvolle Weise außer Kraft setzen. So gerieten zum Beispiel 1914 beide Güell-Projekte ins Stocken, als die Familie des alternden Eusebi Güell beschloss, dass keines der beiden Projekte weiter finanziert werden könne. Bei Park Güell waren erst zwei der 60 geplanten Häuser für die geplante „Gartenvorstadt" vollendet und dies trotz der erheblichen Finanzmittel, die für Gaudís Plan einer umfassenden Infrastruktur zur Verfügung gestellt worden waren. 1918 starb sein Auftraggeber und 1923 wurde der Park mit nur zwei Häusern als Schenkung der Stadt übereignet. Man weiß nicht, wie Gaudí dies persönlich empfunden hat, aber die Annahme liegt nahe, dass der Abbruch der Bauarbeiten an der Colònia-Güell-Kirche ihn erschüttert haben muss. Er hatte alleine acht Jahre für die Konzeption und sechs Jahre für die Errichtung der Krypta aufgewendet und nun wurde dem Projekt abrupt ein Ende gesetzt. Bei Casa Milà stand für den Auftraggeber zu viel auf dem Spiel, trotzdem kann man sich vorstellen, dass er verärgert war, dass das Gebäude erst Jahre zu spät fertig gestellt wurde – und dies bei einer mehrfachen Überschreitung des Budgets. Zudem sah er sich unvermittelt als Zielscheibe des Spotts, da das Gebäude mit seinem expressiven urbanen Individualismus just in dem Moment seine Türen öffnete, als das Credo des Noucentisme schon in aller Munde war. Das für die wachsende bürgerliche Schicht konzipierte Gebäude bestand aus Luxusapartments und entsprach nicht dem allgemeinen Geschmack. Entsprechend versagte der Auftraggeber Gaudí die Zahlung seines Honorars und zwang ihn somit, dieses (am Ende mit Erfolg) vor Gericht einzuklagen. Der technische und künstlerische Triumph, den das Gebäude repräsentiert, fiel für viele Jahrzehnte konformistischen Prioritäten zum Opfer. Dies war der Punkt, an dem Gaudí sich entschloss,

35

keine säkularen Aufträge mehr anzunehmen. Die Höhe der zur Verfügung stehenden Fördermittel für die Sagrada Família war insbesondere zu dieser Zeit sehr gering, da Barcelona unter einer starken Rezession zu leiden hatte. Zurückgezogen in seinem Haus in Park Güell arbeitete Gaudí ausschließlich an seinem Gestaltungskonzept für die Kirche. Ein merkwürdiger Aspekt dieses Projekts war der Mangel an Dokumentation. Auf der einen Seite bedeutete die regelmäßige Veröffentlichung von Aktualisierungen in El Propogador, der öffentlich zugänglichen Zeitschrift der Stiftung für die Sagrada Família, dass ein Bericht über den Fortgang der Arbeiten geführt wurde. Auf der anderen Seite erschien die erste „Gesamtansicht" der Kirche nicht vor 1906 und nicht etwa Gaudí, sondern sein Mitarbeiter Rubió hatte sie gezeichnet, und dies 23 Jahre, nachdem Gaudí die Leitung des Projekts übernommen hatte. Die Zeichnung wurde zwar mehrfach überarbeitet, die formale Komposition des Gebäudes wurde in den folgenden 20 Jahren bis zu Gaudís Tod jedoch nur unwesentlich verändert. Erst in seinen letzten Lebensjahren wurden schließlich Aspekte des Innenraums offenbart, die heute dank der Alben von El Propagador überliefert sind, die von Zeit zu Zeit von der Kirche veröffentlicht werden – und durch zwei Bücher, die weniger als zwei Jahre vor seinem Tod herauskamen. Wenn dieses Material das einzige wäre, auf das man heute zurückgreifen könnte, wäre es wohl unmöglich, das Projekt in dieser Form fortzusetzen. Unsere Studien belegen, dass Gaudí für seine Gestaltungsentwürfe bevorzugt mit gebranntem Gips experimentierte, und diese erhaltenen Modelle bieten uns heute in Verbindung mit dem erhaltenen grafischen Material die Möglichkeit, die notwendigen Schlüsse über seine endgültigen Absichten zu ziehen.

1911 musste sich Gaudí nach einer anhaltenden Fiebererkrankung für mehrere Monate zur Erholung nach Puigcerdà, hoch in den Pyrenäen, zurückziehen. Angesichts so vieler unglücklich verlaufener Projekte und der auf so traurige Weise unvollendeten Sagrada Família fragt man sich, wie sich Gaudí wohl gefühlt haben mag. Vielleicht war dies der Punkt, an dem er beschloss, sich vom Anti-Rationalismus, der mit Casa Milà seinen Höhepunkt erreicht hatte, abzuwenden zugunsten eines neuen Ansatzes in der Formkonstruktion, die weder durch orthogonale noch durch Flächenelemente beschränkt war, jedoch für Mitarbeiter im gestaltenden oder bautechnischen Bereich leichter zu vermitteln war. Seine Einführung der Regelflächen (Flächen 2. Ordnung oder quadratische Oberflächengeometrien) kam diesem Bedürfnis auf umfassende Weise entgegen. Als isolierte Beispiele aus seinen frühen Projekten überliefert, wurden sie für die Colònia-Güell-Kirche auf eher expressive Weise eingesetzt – obgleich mit einer auf eine solche Oberfläche reduzierten Bandbreite (das hyperbolische Paraboloid) –, im endgültigen Entwurf für die Sagrada Família waren sie als zusammenhängende Sammlung von Formen so reichhaltig, dass mit ihrer Anwendung alle anderen Geometrien ausgeschlossen wurden.

Die letzten zwölf Jahre der Arbeit an der Sagrada Família waren für Gaudí so intensiv, dass er sich entschloss, vor Ort zu wohnen. Für mehr als zehn Jahre experimentierte er mit Modellen in den Maßstäben von 1:25 und 1:10, indem er gebrannten Gips verwendete. Die Regelflächengeometrie ermöglichte es ihm, das Struktur- und Kompositionsschema für den Rest des Gebäudes festzulegen, welches seine Nachfolger durch entsprechende Forschungen und ohne Uneindeutigkeiten aufnehmen konnten. Während er die künstlerische Ausarbeitung anderen überließ (seit 1978 dem Bildhauer Josep María Subirachs) beruhte sein hinterlassener Entwurf eines Konstruktionsschemas auf dem System der Kettenlinie und ein Kompositionskodex unter der Verwendung von Regelflächen half, das Projekt voranzutreiben. Es war auch um diese Zeit, dass „Schüler" die Szene betraten, die die Absichten ihres Meisters treu dokumentierten. Lluis Bonet Garí, der 1993 starb, war der letzte der damaligen Schüler und seit 1971 leitender Architekt. Derzeit leitet sein Sohn Jordi Bonet das Architektenteam. Diese Verbindung zurück zum Meister zusammen mit den seit Gaudís Zeiten niemals unterbrochenen Ausbildungsprogrammen hat sich als lebensnotwendig erwiesen, da während des spanischen Bürgerkrieges (1936–39) Gaudís

37

früheres Atelier von Anarchisten verwüstet wurde, mit dem Ergebnis, dass alle seine Zeichnungen verbrannt und die Gipsmodelle zerschlagen wurden. Hätte es das lebende Gedächtnis der „Gaudí-Schüler" in der Nachkriegsperiode nicht gegeben, wäre es für die nachfolgenden Architekten vielleicht schwierig gewesen, ihre Spurensuche zu beginnen.

Indirekt flossen Aspekte der letzten Periode der beispiellosen Karriere Gaudís in die Arbeit anderer Architekten ein, dies gilt insbesondere für den späten Le Corbusier. In der öffentlichen Einschätzung hat sich die Sagrada Família in den letzten Jahren vom vermeintlichen Anachronismus zum weltweit bedeutendsten und kohärentesten architektonischen Projekt der post-digitalen Ära gewandelt, ein Status, der ihr mehr als zusteht. In ihrem Umfang und ihrer Komplexität steht sie heute einer Zeit entgegen, in der es äußerst unwahrscheinlich ist, dass ein einzelner Künstler für ein solches Werk eine alleinige Autorschaft beanspruchen kann, wie es vielleicht in einer Post-Renaissance-Ära noch möglich war. Gaudí hat fast seine ganze Karriere gebraucht, um zu erkennen, dass die bewohnte skulpturale Architektur mit den Dimensionen einer Kathedrale eine zu große Aufgabe war, um sie als einzelner Künstler zu bewältigen. Gaudís Karriere belegt den Wert der Zusammenarbeit – Rubió, Berenguer, Bergós, Sugranyes, Matamala, Martinell, Puig Boada, Bonet Garí usw. und nun zwei weitere Architekten, die er niemals kennengelernt hat. Die Sagrada Família wird heute in seinem Namen und nach seinem Plan weitergeführt, der sich durch die Energie, mit der das Projekt in seinem Sinn zu Ende geführt wird, erstmals offenbart.

Mark Burry
Professor für Innovation, Federation Fellow des
Australian Research Council – RMIT University,
an der Sagrada Família als Architekt Leitung
der Entwursforschung für die Fertigstellung der
Passionsfassade und des Übergangsbereichs von
Langhaus, Querhaus und Vierung mit den zentralen
Türmen. Reial Acadèmia Catalana de Belles Arts de
Sant Jordi: Ehrenmitglied

36 Blick nach oben auf das Rosenfenster der Passionsfassade (rechts) am Übergang zu den Obergadenfenstern des Querschiffs (2005).

37 Schrägsicht entlang der unteren Fenster des Seitenschiffs.

Luftbild mit Blick in Richtung Südwesten (Juni 2007).

40

39 Blick von Nordosten hinunter auf die Apsis und die Weihnachtsfassade (Juni 2007).

40 Blick von Nordwesten auf die Apsis und die Passionsfassade (Juni 2007).

41

42

43

44

41 Blick von dem vor Kurzem fertiggestellten Torre Agbar aus in Richtung Sagrada Família (2005).

42 Weihnachtsfassade (1998).

43 Blick von der Avinguda de Gaudí (1996).

44 Blick in Richtung Osten zur Sagrada Família vom Dach der Casa Milà (1992).

45 Blick von Nordosten auf die Apsis und die Weihnachtsfassade (Juni 2007).

46 Blick von Südosten auf das Langhaus und die Weihnachtsfassade (Juni 2007).

47 Blick von Nordwesten auf die Apsis und die Passionsfassade (Juni 2007).

48 Blick von Südwesten auf das Langhaus und die Passionssfassade (Juni 2007).

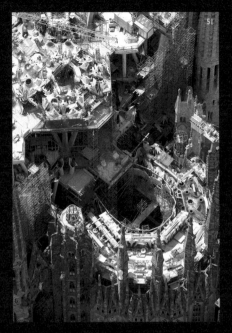

51 Baustelle: Apsis von Nordosten (Juni 2007).

52 Baustelle: Vierung von Nordosten (Juni 2007).

53 Baustelle: Vierung von Nordwesten (Juni 2007).

54 Blick von Norden über die Apsis auf das Langhaus (Juni 2007).

55 Bewehrung für die Säulenverzweigung der Vierung in einer Höhe von 60 Metern (2006).

56 Blick in Richtung der Innenseite der Weihnachtsfassade. Konstruktion der Gewölbe des Seitenschiffs des Querhauses (2002).

57 Konstruktion der Gewölbe des Seitenschiffs des Querhauses (2002).

58 Blick hinauf zu den Glockentürmen der Passionsfassade vom Bauplatz des Rosenfensters (2000).

59 Bau der Obergadenfenster des Querhauses an der Weihnachtsfassade (2004).

56

58

55

57

60 Behauener Steinblock
für das Rosenfenster
der Passionsfassade
(2000).

61 Herstellung der
Schalung für die
Gewölbe des
Seitenschiffs (2004).

62 Behauener Steinblock
für das Rosenfenster
der Passionsfassade,
vorbereitet um in seine
endgültige Position
gehievt zu werden.
(2000).

63 1:1-Gipsmodell der
Stütze eines Fensters
des Seitenschiffs,
fertig um als Vorlage
für den Bau einer
Fiberglasschalung zu
dienen (1992).

64 Steinmetz bei der
Arbeit vor Ort (1992).

65 Weihnachtsfassade
in der frühen
Morgensonne.

66 Weihnachtsfassade.

67 Die Weihnachtsfassade
zeigt, wie Gaudís
skulpturale Behandlung
die ansonsten
„konventionelle"
gotische Formgebung
zugunsten
eines üppigen
naturalistischen
Aufblühens auflöst.

68 Weihnachtsfassade
(1929 fertiggestellt) in
Verbindung mit dem
Langhaus (kurz vor der
Fertigstellung 2006).

69 Detail des zentralen
Portals der
Weihnachtsfassade.

70 Detail der
Weihnachtsfassade.

66

72

73

74

75

71 Passionsfassade
in der späten
Nachmittagssonne,
vor dem Beginn der
Arbeiten am Narthex.
Das im Bau befindliche
Rosenfenster im
Hintergrund (2001).

72 Rosenfenster der
Passionsfassade zur
Hälfte fertiggestellt,
gesehen von
Südwesten (2001).

73 Passionsfassade bei
Sonnenuntergang,
der Zeitpunkt, an
dem Gaudís strenge
skulpturale Behandlung
in Verbindung mit den
jüngsten Werken des
Künstlers Joseph María
Subirachs den stärksten
Ausdruck von Christi
Leidensweg erzeugt.

74 1:1-Prototyp einer
Säule des Narthex der
Passionsfassade aus
lackiertem Polystyrol
(2004).

75 1:1 bemalte Styropor-
Prototypen für die
Prüfung dreier Säulen
der Kirchenvorhalle
der Passionsfassade
in Position für eine
Bewertung (2004).

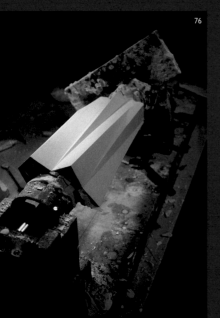

76　Maschine zur
　　Herstellung der Gips-
　　Säulenmodelle.

77　1:10-Gipsmodell des
　　endgültigen Entwurfs
　　der Obergadenfenster
　　(Außenansicht). Die
　　Aufnahme entstand
　　während Gaudís letzter
　　Lebensjahre. Das
　　Modell wurde später
　　während der Besetzung
　　des Gebäudes zur
　　Zeit des Spanischen
　　Bürgerkrieg von
　　1936–39 zertrümmert.

78 Herstellung eines Gipsmodells der verzweigenden Knoten der Säulen im Maßstab 1:10 (Juni 2007).

79 Provisorisches 1:100-„rapid prototype"-Modell des Raumes oberhalb der Gewölbedecke der Vierung (die Sala Creuer): in Bau (2007).

80 Provisorisches 1:100-„rapid prototype"-Modell des Raumes oberhalb der Gewölbedecke der Vierung (die Sala Creuer): Studie der Beleuchtung (2007).

81 Atelier der Gipsmodellbauer (2007).

82 Die Fragmente von Gaudís endgültigem Gipsmodell der Sakristei im Maßstab 1:25 sind ausreichend, um Anhaltspunkte zur kompletten Restaurierung des Modells zu erhalten. Das Modell der Sakristei ist das von Gaudí beabsichtigte geometrische Schema für die sechs Türme, die das Zentrum der Sagrada Família überdecken.

83 Original Gaudí 1:10-Gipsmodell eines Knotens der Säulenverzweigung, wiederhergestellt aus dem beschädigten Original.

82

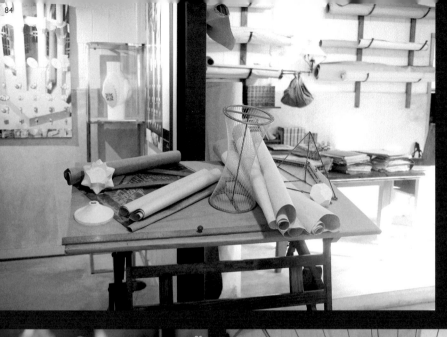

84 Rekonstruktion von Gaudís Atelier nach Fotografien des Ateliers, die vor dessen Zerstörung während des Bürgerkrieges entstanden sind.

85 Gaudís endgültiger Entwurf für ein Kreuzblume der Fenster des Seitenschiffs. Gipsmodell im Maßstab 1:10, wiederhergestellt, um die zugrunde liegende Geometrie der Regelflächen zu untersuchen.

86 Teil eines Rotationshyperboloids der Deckengewölbe. Ein im Maßstab 1:10 hergestelltes Gipsmodell mit roten Fäden, die die grundlegende Natur der Regelflächengeometrie verdeutlichen, aus der es abgeleitet ist.

85

86

87 Blick nach unten auf
das Querschiff der
Passionsfassade (2006).

88 Blick entlang des
Mittelschiffs in
Richtung Apsis von der
halbfertigen Hauptfront
aus (Glorienfassade,
2007).

89 Deckengewölbe
des Seitenschiffs:
Zusammentreffen der
„Zweige" der Säulen
mit der Deckenfläche
als „Dach des Waldes".

90 Blick aus dem
Querschiff der
Passionsfassade in
den Baukörper des
Langhauses.

91 Blick nach oben entlang
der Säulen und Decken
des Langhauses in
Richtung der Innenseite
der Glorienfassade
(2007).

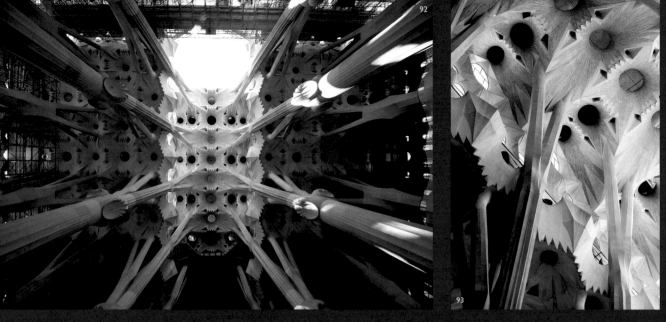

92

93

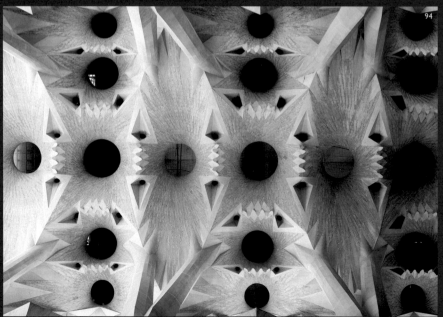

94

92 Blick nach oben auf die Decke des Langhauses.

93 Detail der Decke des Langhauses (45 Meter Höhe): Schrägansicht mit Blick auf den Balkon und das Obergadenfenster.

94 Detail der Decke des Langhauses: Schrägansicht.

95 Detailansicht der Unterseite des Deckengewölbes des Langhauses. Das Rotationshyperboloid ist mit Hilfe traditioneller katalanischer Techniken zur Herstellung von Gewölben gebaut worden. Einzelformen werden durch grünes und goldenes venezianisches Mosaik hervorgehoben.

96

96 Blick hinauf zwischen
die Glockentürme der
Weihnachtsfassade.

97 Turmspitze eines der
vier Glockentürme der
Weihnachtsfassade.
Jede Turmspitze basiert
auf den Amtssymbolen
der Bischöfe:
Bischofsmütze, Stab
und Ring.

98 Ansicht der Türme der
Weihnachtsfassade von
der Passionsfassade aus
gesehen.

97

VISTA I SECCIO DE...
FINESTRALS NAUS LATERALS
FAÇANA NAIXMENT I PASSIO
DIBUIXAT PER BURRY   28 I 1980

Historische Einblicke

Die Colònia-Güell-Kirche war ursprünglich für die spirituellen Bedürfnisse der Arbeiter der Colònia-Fabrik gedacht, die einige Kilometer südlich von Barcelona im außerhalb gelegenen Vorort Santa Coloma de Cervelló lag. Hätte man die Kirche nach Gaudís Gestaltungsentwurf fertiggestellt, wäre es wohl sein durchgehend innovativstes Projekt geworden; stattdessen wurde 16 Jahre später lediglich die Krypta im Untergeschoss der kleinen Kirche vollendet. Der Bau der Kirche wurde abgebrochen, da die Familie seines einst großen Förderers Eusabi Güell der Finanzierung nicht länger zustimmte. 1898 hatte sich Gaudí zunächst in eine komplexe Gestaltungsidee vertieft, die mit seinem berühmten Hängemodell ihren Anfang nahm, das er um 1906 vollendete. In den folgenden sechs Jahren errichtete er – indem er räumliche Daten zugrunde legte, die er direkt von dem 1:10-Modell, das in einem angrenzenden Schuppen hing, ableitete – die Krypta selbst und die große Vorhalle, welche die Rampe trägt, die zu der Hauptebene der Kirche führen sollte, sofern diese

fertiggestellt worden wäre. Bis zur kürzlich erfolgten umfassenden „Restaurierung" des Projektes traf der Besucher vor Ort auf herumliegende Säulen, die nur darauf zu warten schienen, in den Hauptkorpus des Gebäudes eingefügt zu werden, der jedoch nie gebaut werden sollte. Diese Säulen sind ein ergreifendes Zeugnis unserer Enttäuschung, da wir die Kirche, so wie Gaudí sie sich vorgestellt hat, niemals zu sehen bekommen werden.

Im Hinblick auf Gaudís Entwicklung als Architekt ist dieses Projekt der Beweis für seine innovative Neubetrachtung von Architektur auf mindestens drei Ebenen: Programm, Gestaltung und Bau. Mit der Kirche Colònia Güell war Gaudí in der Lage, den konventionellen, auf einem lateinischen Kreuz basierenden hierarchischen Grundriss der Sagrada Família zugunsten eines zentralisierten Altars innerhalb einer eher kreisförmigen Grundform aufzugeben. Der Raum war sicherlich eher barock als gotisch, mit einer – für diese Zeit ungewöhnlichen – vertraulicheren Beziehung zwischen Priester und Kirchengemeinde.

Der ganzheitliche Ansatz, den Gaudí dem Gestaltungsprozess für dieses Gebäude zugrunde legte, ist in jeder Beziehung innovativ zu nennen. Gaudí entschied sich für eine Spiegelung natürlicher Kräfte, indem er die durch die Schwerkraft ausgeübte Druckkraft in einer Umkehrung der gleichen Kräfte in einem Hängemodell darstellte, das die Zugspannung statt der Druckkraft erfasst. Diese einfache Maßnahme machte es ihm möglich, eines der weltweit ersten adaptiven oder parametrischen Modelle zu entwerfen. Mit kleinen Schrotsäckchen, die durch eine flexible Schnurvorrichtung miteinander verbunden waren, simulierte er das Gebäude in Form eines Modells, das die gesamte komplexe Statik vorführte. Auf diese Weise gelang es Gaudí, das Gebäude in die gewünschte Form zu bringen, im sicheren Wissen, dass er mit jedem weiteren Schritt eine optimale statische Lösung herbeiführen und damit eine sich im Gleichgewicht befindende Architektur kreieren würde. Sein Hängemodell gilt daher als eines, dem die Kräfte der Natur innewohnen und das sich diese

10a

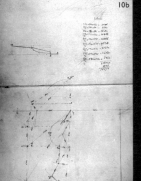

10b

10c

11

5 Nachdem Gaudí das Hängemodell in Position gebracht hatte, fotografierte er es, drehte das Bild mit der „richtigen Richtung" nach oben und malte dann seine Außenansicht darüber.

6 Innenansicht der Colònia-Güell-Kapelle einige Zeit nach der Fertigstellung.

7 Zu einem Schutzgitter verwobene gebrauchte Nadeln der Webstühle.

8 Fenster zu der Krypta.

9 Besuch des Bauplatzes während der Konstruktionsphase (1908–14).

10 a, b & c Zeichnungen von der Cátedra Gaudí, die Gaudís praktische Entwurfsmethode und Kommunikation bei dem Bauprozess zeigen. Informationen zu dem Gebäude wurden direkt vom Hängemodell, das sich in einem Schuppen neben dem Bauplatz befand, entnommen.

11 Über eine Fotografie gemalte Innenansicht. Für das Bild wurde das Hängemodell mit Segeltuchstücken umhüllt.

zunutze macht, eine analoge Wiederinkraftsetzung dessen, was Gaudí von der intensiven Beobachtung der Natur gelernt hatte.

Der Bau des Gebäudes bot Gaudí zudem viele Möglichkeiten zum Experimentieren. Zunächst betraf dies die Informationsübertragung vom Gestalter zum Baumeister, die gewöhnlich durch die zweidimensionale Abstraktion von Grundriss, Schnitt und Aufriss erfolgte. Für dieses Gebäude lieferte das 1:10-Hängemodell all die räumlichen Daten, die der Baumeister benötigte, wobei es die Schnurvorrichtung relativ einfach machte, die jeweiligen Positionen der statischen Knoten- und Schnittpunkte abzuleiten. Das Gebäude lässt zudem die erstmalige Erkenntnis Gaudís erahnen, dass die Arbeit mit Regelflächen – in diesem Fall hyperbolische Paraboloide – einen baulichen Vorteil bietet, während es zugleich eine enorme Zurückhaltung in der Auswahl und Verwendung von Materialien zeigt. Backstein wird lediglich für die Hauptsäulen und -bögen verwendet. An den Mittelsäulen kommt er zusammen mit natürlich vorkommenden hexagonalen Basaltprismen zum Einsatz. An anderen Stellen hat Gaudí Backsteinausschuss verwendet, ein Nebenprodukt unregelmäßiger Temperaturen im Ziegelofen, das niemals zuvor in dieser großartigen Weise genutzt wurde. Auch die feinen Gitternetzwerke vor den Fenstern sind aus den abgenutzten Nadeln der Kordsamt-Webstühle der benachbarten Fabrik gewebt.

Bei der Kirche Colònia Güell konnte Gaudí seine Gestaltungsvorstellung von Grund auf entwickeln, während er bei der Sagrada Família in ein bereits begonnenes neugotisches Gestaltungskonzept einsteigen musste – das erklärt einige der wesentlichen Unterschiede zwischen den beiden Projekten.

Mark Burry
Professor für Innovation, Federation Fellow des
Australian Research Council – RMIT University,
an der Sagrada Família als Architekt Leitung
der Entwursforschung für die Fertigstellung der
Passionsfassade und des Übergangsbereichs von
Langhaus, Querhaus und Vierung mit den zentralen
Türmen. Reial Acadèmia Catalana de Belles Arts de
Sant Jordi: Ehrenmitglied

1 Park Güell im Bau
(1900–14): Die
Arena aus Fertigteil-
Elementen vor der
Konstruktion der
schlangenförmigen
Parkbank.

2 Luftbild des Parks (Juni
2007).

3 Zeitgenössische
Fotografie des
Einganges zur
„Gartenvorstadt".

Zwei Besonderheiten müssen berücksichtigt werden, wenn man den Park Güell von Antoni Gaudí betrachtet. Der eine Aspekt betrifft die Form und kann an der strukturellen Gestalt der drei Viadukte oder Brücken des Parks, die sich jeweils voneinander unterscheiden, beobachtet werden. Ebenso sichtbar wird dies bei der Betrachtung der geometrischen Formen der Mosaike, die auf den hyperbolischen Paraboloiden der Dächer des Pförtnerhauses oder beim Hyperboloiden des anderen Eingangspavillons angebracht wurden. Herauszuheben ist auch die höchst intelligente Nutzung von Wasser auf dem gesamten Areal, sowohl in Bezug auf die Art, wie es aufgefangen wird als auch auf die Art, wie es wieder abfließt. Beachtenswert ist auch die Positionierung der Steine auf dem Gelände selbst. Die Steine sind in den Mauern und Pfeilern nach Farbe angeordnet sowie nach dem Klang, der an verschiedenen Stellen mit Hilfe eines Uhrmacherhammers erzeugt wurde.

Die zweite herausragende Besonderheit ist das Gesamtkonzept für die Gestaltung des Parks, das mehr der Vorstellungswelt des Auftraggebers Eusebi Güell entsprungen ist als der Gaudís.

Güell, der tief in den patriotischen, mythologischen und religiösen Vorstellungen der Renaixença (Katalanische Renaissance) versunken war, stellte sich eine Stadt nach dem Bild des klassischen Delphi vor, mit dem am Fuß des Bergs Parnassus oder, um genauer zu sein, an einem Ausläufer des Collserola Bergrückens gelegenen dorischen Apollo–Tempel, was Gaudí zum einzigen Mal in seiner Karriere zwang, eine klassische Ordnung zu verwenden.

In der Umsetzung nahm er dann das Motiv von Python, dem bösen Drachen, den der Sonnengott unter dem Tempel begraben hatte, auf. Als Beschützer der unterirdischen Gewässer dient er als Überlauf der Zisterne unterhalb des Hypostyls.

Steinkugeln verwendete er als Pendant zu den Perlen des heiligen Rosenkranz; der Hügel der drei Kreuze liegt am höchsten Punkt des Muntanya Pelada (Baumloser Berg), auch Golgatha genannt.

Das aus reflektierendem Glassteinmosaik gefertigte, genau in der Mitte der Zugangstreppe gelegene Wappenschild mit den vier Stäben und dem Drachen von Aragon gehörte ebenfalls in die Gruppe dieser Elemente.

Auf diese Weise formten Religion, Mythologie und Nationalismus das Ideal der Renaixença von Eusebi Güell.

Seinen eigenen Vorlieben folgte Gaudí hingegen bei den ungewöhnlichen Konstruktionslösungen, der stadtplanerischen Idee und der Landschaftsgestaltung.

Joan Bassegoda i Nonell
Dr. Arch., Ehrenmitglied des American Institute of Architects. Conservador de la Càtedra Gaudí. Ehemaliger Präsident der Reial Acadèmia Catalana de Belles Arts de Sant Jordi

1

2

3a

3b

4

INNOVATIVE ASPEKTE DER PEDRERA (CASA MILÀ)

JOAN BASSEGODA I NONELL

Die Pedrera ist ein international bekanntes Bauwerk, aber die Neuerungen auf dem Gebiet der Konstruktion und Bauausführung, die Gaudí eingeführt hatte, blieben aufgrund seiner Verschwiegenheit der eigenen Arbeit gegenüber lange unbekannt.

Mitte Januar 1970 beschrieb der Bauunternehmer des Projekts, Josep Bayó Font (1878-1970), die Verfahren, die Gaudí angewandt hat. Er enthüllte, wie die schmiedeeisernen Balkone des Gebäudes hergestellt wurden, auf welche sehr originelle Art und Weise die Treppenschächte und Schornsteine auf der Grundlage von Flachziegelgewölben erbaut wurden oder wie die ungewöhnliche Struktur der Aussichtsplattform auf den in Kettenkurvenform gemauerten Ziegelbögen entstanden ist. Die Form und der Anstieg der Bögen wurde direkt von einer an einer verputzten Wand hängenden Kette abgenommen, deren Enden mit dem entsprechenden Abstand aufgehängt waren, sodass die Idealform ohne jegliche mathematische Berechnung erreicht wird.

Er beschrieb ebenso die selbsttragende Fassade aus riesigen Vilafranca-Steinen wie die geschmiedeten Träger und Eisenbalken, die einhergehen mit den einfachen Ziegelgewölben und den hellen Decken aus verputzten Rohrmatten, deren Ausgestaltung in einer traditionellen Handwerkstechnik entstanden ist, an der die Mitarchitekten Sugrañes und Canaleta, die Stuckateure und Gaudí selbst beteiligt waren.

Kurz gesagt, es gab eine Reihe von originären Bauverfahren, die aber immer auf traditionellen Techniken basierten.

Andere Bauunternehmer und einige Architekten wie Josep Puig i Cadalfach wurden auf diese innovativen Lösungen aufmerksam und besichtigten die Pedrera in Gaudís Abwesenheit, um herauszufinden, wie er die Aufgabe gelöst hatte, ein Gebäude ohne tragende Wände auf der Basis von Schmiedeeisen, Ziegeln und Quadersteinen zu errichten. Es war ein freistehendes System, ähnlich dem, wie es später von Le Corbusier vorgeschlagen wurde.

Joan Bassegoda i Nonell
Dr. Arch., Ehrenmitglied des American Institute of Architects. Conservador de la Càtedra Gaudí. Ehemaliger Präsident der Reial Acadèmia Catalana de Belles Arts de Sant Jordi

Theresianische
Pfarrschule (1888–90):
Serie parabolischer
Bögen im Korridor des
oberen Geschosses.

Gaudí entwarf ein
dreidimensionales
Pendant zu Figur 1
für das Triforium der
Sagrada Familia unter
alleiniger Verwendung
verschnittener
hyperbolischer
Paraboloide.

Fotografie von Gaudís
Zeichnung seines
endgültigen Entwurfs
für die Passionsfassade.
Die Arbeiten am
Narthex (oberer
Bereich) begannen
2005.

„Der wichtigste Auftrag, den ein Architekt erhalten kann, ist ein großes Bauprojekt wie eine Kathedrale", schrieb Gaudí in seiner Jugend in ein Notizbuch, das im Museum von Reus ausgestellt ist. Kurz vor seinem 32. Geburtstag erhielt er den Auftrag, die Arbeiten an der Sagrada Família fortzusetzen – es sollte zu seinem Lebenswerk werden. Alle anderen Bauaufgaben wurden ihm zu Erfahrungsquellen, die er für die Kirche nutzen konnte. Zum Beispiel sagte er über die Kapelle der Colònia Güell: „Hätte ich diese Formen nicht in der Kapelle der Colònia Güell ausprobieren können, hätte ich sie nicht auf die Sagrada Família übertragen können." Gaudí war während seines ganzen Lebens als Architekt davon überzeugt, die Erfahrungen, die er bei anderen Gebäuden gesammelt hatte, bei seiner Arbeit an der Sagrada Família anwenden zu können. Die Geschichte der Architektur spiegelt sich in der Geschichte der Sagrada Família. Kathedralbauten waren immer im Wortsinn herausragenden Gebäude, an denen sich die Entwicklung von Ideen und Technologien ablesen lässt. Sie zeigen uns, wie der menschliche Erfindungsgeist jede Schwierigkeit meistern kann. Baumaterialien wie Stein, Keramik, Metalle, Holz, Glas und Bindemitteln haben dazu gedient, dank seines Einfallsreichtums und seiner Erfahrung die Herausforderungen zu meistern, die sich die menschliche Intelligenz selbst gesetzt hat.

Als Ergebnis seiner Naturbeobachtungen setzte Gaudí darauf, den bestmöglichen Gebrauch von der Form und den spezifischen Eigenschaften jedes Materials zu machen, um optimale Lösungen für die architektonischen Probleme zu entwickeln. Er begann bald damit, parabolische Umrisse zu verwenden; er versuchte soweit es möglich ist, die Errungenschaften der mittelalterlichen Meister der Gotik sowie die mediterranen Entwicklungen im Einsatz von Keramik noch zu übertreffen. In seinen frühen Projekten wechseln Ziegel und Farbe mit Stein und Eisen ab, ihr Einsatz ist gleichermaßen von architektonischen wie dekorativen Gesichtspunkten bestimmt, auch Fertigteile verwendet er.

Ein chronologischer Blick auf seine Entwicklung zeigt, wie sich dieser Vorgang vollzog: Das Sommerhaus Casa Vicens in der Carrer Carolines, die Güell Pavillons, die Collegi de les Teresianes oder sein Werk in Kastilien. Dazu kommen die Fortschritte, die er mit dem Palau Güell und den bedeutenden Gebäuden in Barcelona-Eixample machte – Calvet, Battló und Milà. Bei jedem dieser Bauprojekte hat er neue Wege erschlossen und seine großen Erfahrungen aus dem Park Güell und der Kapelle der Colònia Güell erweitert. Das zeigte sich in den späten Projekten, deren Höhepunkt die Sagrada Família ist. Das Tragwerk ist ebenfalls von herausragender Bedeutung, die fortschreitende Erfahrung aus seinen früheren Projekten führte ihn zu der ausgewogenen Tragwerksstruktur der Kirche. Gaudí entwickelte zunächst Lösungen an ebenen Flächen, die er dann auf den Raum anwandte. Von der Euklidischen Geometrie schritt er weiter zu regulär und doppelt

gekurvte Flächen und entdeckte dabei neue Möglichkeiten. „Der Hyperboloid ist Licht, der Helikoid ist Bewegung, der hyperbolische Paraboloid ist der Vater der Geometrie. Sie alle gehen über Konoide und Ellipsoide hinaus, die die ersten Formen waren, die ich benutzte. Die kontinuierlichen Formen sind die perfekten", sagte er und auf diese Weise überwand er die offenkundige Diskontinuität zwischen den stützenden Teilen – den Säulen – und den lastenden Elementen – dem Gebälk. Gaudí erschloss vorher unvorstellbare Möglichkeiten für die Architektur – durch seine doppelte Drehung der Helikoide der Säulen des Kirchenschiffs, mit der doppelten Verwendung der Hyperboloide entweder als massive Form oder als leeren Innenraum, um Säulen und Gewölbe zu verbinden, oder auch bei der doppelt symmetrischen Position der Schmalsäulen des Triforiums, die aus Hyperbolischen Paraboloiden gebildet sind. Darin zeigt sich seine Meisterschaft in der Geometrie und seine Vorstellung von Volumen und Raum. Zusammen mit Farbe, Bewegung, dem Leben und den Symbolen entsteht daraus die transzendentale Vision, die das Christentum der Menschheit schenkt.

Jordi Bonet i Armengol
Dr. Arch., Chefarchitekt und Direktor der Bauarbeiten
an der Sagrada Família, Präsident der Reial Acadèmia
Catalana de Belles Arts de Sant Jordi

4 Gaudís Atelier-
werkstatt in Flammen
während der Besetzung
der Sagrada Família zur
Zeit des Spanischen
Bürgerkrieges von
1936–39.

5 1:25-Gipsmodell der
Sakristei.

6 Hängemodell einer
dreidimensionalen
Interpretation
von Gaudís
zweidimensionaler
statischen Analyse
des Kirchenschiffs der
Sagrada Família.

7 Der Künstler Josep
María Subirachs
bei der Arbeit am
Skulpturenschmuck
für die Passionsfassade
(begonnen 1978).

3a

3b

1 Laternenmast: Plaça
Reial, Barcelona (1879).

2 Casa Vicens, Barcelona
(1883–88 nach J.
Bassegoda).

3 **a & b**
Finca Güell, Barcelona
(1884–85).

4 Palau Güell, Barcelona
(1886–88).

5 Palau Güell, Barcelona
(1886–88);
Innenansicht der
Haupthalle.

4

5

WIE GAUDÍ DIE SAGRADA FAMÍLIA WÄHREND SEINER 43-JÄHRIGEN TÄTIGKEIT ALS PROJEKTARCHITEKT SAH

JOAN BASSEGODA I NONELL

Antoni Gaudí musste eine Arbeit weiterführen, die der Diözesanarchitekt Francisco de Paula del Villar Lozano begonnen hatte. Da Teile der Krypta bereits vollendet waren, wurde sie zwangsläufig zum Ausgangspunkt. Obgleich Gaudí 1885 eine erste Projektskizze entworfen hatte, war die Idee für die heutige Form des Gebäudes bis 1892 nicht definiert. Über die Jahre und trotz der finanziellen Schwierigkeiten, die den Fortgang der Arbeiten bedrohten, ließ Gaudí seine klare, fest verankerte Idee, wie die Kirche während seiner Schaffenszeit und in späteren Zeiten aussehen sollte, nicht aus den Augen. Dies ist wahrhaft einzigartig, nur vergleichbar mit dem langsamen Bau mittelalterlicher Kirchen. Bei der Arbeit an der Kirche brachte Gaudí seine Vorstellungen von gotischer Architektur zum Ausdruck, die für ihn der am stärksten strukturierte Baustil der Geschichte war.

Er hatte erfasst, wo die Mängel gotischer Architektur lagen, die durch den Einsatz großer Gewölbeschlusssteine und schwerer Strebebögen augenscheinlich wurden. Diese Mängel überwand er mit Bögen in Kettenkurvenformen und schrägen Pfeilern. Er hätte es so ausgedrückt: Es war nicht notwendig, etwas zu erfinden, man musste einfach nur das Vorhandene übernehmen und verfeinern. Er schätzte das Wissen der gotischen Steinmetze, die sich ohne maschinelle Berechnungen nur von ihrer Intuition und Erfahrung leiten ließen und in der Lage waren, groß angelegte Strukturen zu bauen.

Die Architekten der Renaissance bezeichnete Gaudí hingegen lediglich als Dekorateure.

In diesem Sinne kann Gaudí nicht als ein Vertreter der Neogotik bezeichnet werden, sondern eher als jemand, der die strukturellen Ideen gotischer Architektur weiterentwickelte.

Joan Bassegoda i Nonell
Dr. Arch., Ehrenmitglied des American Institute of Architects. Conservador de la Càtedra Gaudí.
Ehemaliger Präsident der Reial Acadèmia Catalana de Belles Arts de Sant Jordi

6	Theresianische Pfarrschule (1888–90).	11	Park Güell, Viadukte, Barcelona (1900–14).
7	Theresianische Pfarrschule (1888–90).	12	Park Güell, Viadukte, Barcelona (1900–14).
8	Casa de los Botines, Leon (1891–92).		
9	Bellesguard, Barcelona (1900–16).		
10	Park Güell, Eingangspavillon, Barcelona (1900–14).		

13

15

14

16

13 Casa Batlló, Barcelona (1904–06).

14 Palast des Erzbischofs, Astorga (1887–93).

15 Colònia-Güell-Kapelle, Santa Coloma de Cervalló,

1 Vorderer Buchdeckel
der ersten spanischen
Ausgabe von La
Atlántida (Buenos Aires,
1878); basierend auf
einem Entwurf von Lluís
Domenech i Montaner.

2 Pavillons des Güell
Anwesens. Die Fenster
(und Fensterläden)
zeigen, zum ersten Mal
in Gaudís Schaffen, die
exakte Form des Maya-
Gewölbes in Labná.

3 Yucatán. Ausgangstor
der Stadt Labná
mit etwa 4 Metern
Spannweite.

4 Höhenrelief im Tempel
der Sonne in Palenque
mit Darstellung des
antiken Gottes der Mayas
(Brasseur de Bourbourg
nennt es „Indianer mit
einer Pfeife"). Gemäß den
Messungen des Autors
folgt der Rücken des alten
Mannes exakt der Form
einer Kettenlinie.

EINIGE ANMERKUNGEN ZU DEN FORMALEN EINFLÜSSEN AUF GAUDÍ

JAN MOLEMA

Im Jahr 1883 erweiterte Eusebi Güell[1] sein Anwesen in der Nähe des Klosters Pedralbes.[2] Es bekam eine Einfriedung, das Hauptgebäude wurde renoviert und in den Gärten wurden zusätzliche Bauten errichtet. Diese Arbeiten, die frühesten Aufträge von seinem lebenslangen Förderer, wurden alle von Antoni Gaudí entworfen. In ihnen finden sich Themen der spanischen sowie vor-kolumbianischen Architekturgeschichte Amerikas, die Gaudí in der bestehenden Literatur gefunden haben konnte.

Es gibt keine verlässlichen Quellen, die Auskunft geben über Gaudís Kenntnisse der antiken Architektur des amerikanischen Kontinents.[3] Mögliche Einflüsse der Maya-Architektur sind nie erforscht worden, in bestimmten Elementen der Pavillons des güellschen Anwesens (1884–87), des Palais Güell (1886–88) und der Villa El Capricho (1883–85) liegen sie jedoch auf der Hand.

Zur damaligen Zeit waren nur wenige Bücher mit Illustrationen über die Architektur und Kunst der Maya verfügbar.[4] In der Hauptsache waren es die von J. L. Stephens, C. E. Brasseur de Bourbourg und D. Charnay. Der Band von Stephens enthält genaue Zeichnungen der Baumethoden in Yucatán, die eine bemerkenswerte Ähnlichkeit mit den oben genannten Werken von Gaudí aufweisen. Die Erstausgabe dieses Buches befindet sich in der Bibliothek der Hochschule, an der Gaudí studierte. In dem Jahr, in dem Gaudí mit der Arbeit an den Pavillons des güellschen Anwesens (1884) begann, wurde das Buch von Charnay auf Spanisch veröffentlicht.[5]

Gaudí könnte in Charnays zahlreichen Illustrationen auf Konstruktionsmethoden gestoßen sein: Dort erscheinen die von Stephens beschriebenen Scheingewölbe sowie ein Parabelgewölbe im Gouverneurshaus in Uxmal.[6]

Das Stadtpalais, das Gaudí für Güell entwarf und das heute als Nou de la Rambla bekannt ist, hat zwei große Portale, die eine erstaunliche Ähnlichkeit mit dem Stich „Un modèle d'une terre cuite peinte, représentant un temple" im oben genannten Buch von Brasseur aufweisen. Es scheint, als habe Gaudí anhand dieser außergewöhnlichen Stiche die Maya-Architektur studiert.[7]

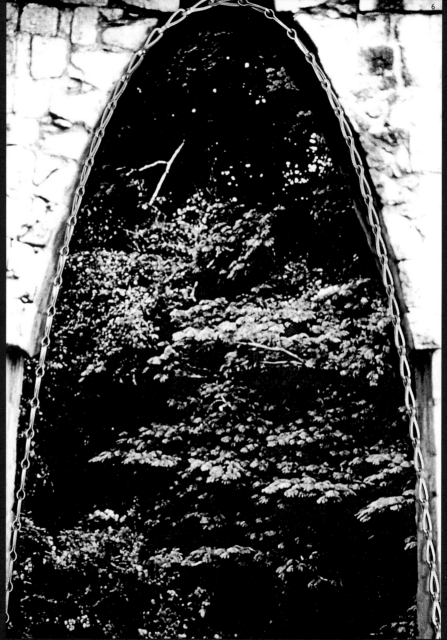

5   Eduard von Steinle,
Gralstempel aus dem
Parsifal-Zyklus, 1884.
München, Neue
Pinakothek.

6   Yucatán, Tor zwischen
zwei Teilen der Stadt
Labná. Auf den Kopf
gestellte Fotografie
mit einer davor
gehängten Kette, die die
Kettenlinien-Form des
Tors zeigt.

Die Wendeltreppe zum Untergeschoss[8] ist mit Stützen flankiert, deren Querschnitte erstaunliche Ähnlichkeiten mit denen in Maya-Gebäuden aufweisen, Ergebnis des Aufstiegs einer einzigen schrägen Linie in die Kapitelle und Gewölbe. Der Ursprung des Bogens befindet sich außerhalb der Stütze, wie es für die Maya-Architektur charakteristisch ist. Die durchgehende Seitenwand ist mit denen der Hallen im Gouverneurs- und im Nonnenhaus in Uxmal identisch.[9]

Maya-Einflüsse lassen sich ebenfalls im El Capricho finden, das Gaudí für Verwandte von Güell zur gleichen Zeit entwarf wie die Pavillons des güellschen Anwesens.[10] Die Form der Bogenfelder in den Dachbodenfenstern im El Capricho wäre ohne eine zweite Stützung baulich nicht zu realisieren gewesen. Um einen Einsturz zu verhindern, zog man Eisenstangen ein, die nach der oberen Schließung des Bogens überflüssig wurden. Dieselben Stangen konnten jedoch wie in den Scheingewölben der Maya, die manchmal Holzbalken benutzen, als Zugbalken dienen.[11] Wir wissen weder, ob Gaudí Fotografien oder Zeichnungen der Vermessungstechniken der Maya-Gebäude gesehen hat, insbesondere des Stadttors von Labná in Yucatán, das Catherwood so wunderschön für Stephens gezeichnet hat,[12] noch wissen wir, ob Gaudí sofort begriff, dass der Bogen eine Kettenlinie war.

Die Schule der Teresianerinnen in Avila (1890) ist eine Ode an die Scheingewölbetechnik der Maya. Alle Öffnungen in der Fassade sind Varianten der Maya-Form, während die großen Öffnungen wie das Eingangstor mit Parabeln kombiniert sind, was schräge Verbindungen an der horizontalen Schwelle erlaubt. Als Gaudí 1883 mit der Arbeit an der Sagrada Família begann, gelang es ihm, die konstruktiven und statischen Vorteile des Maya-Bogens und des gotischen Spitzbogens zu vereinen und somit zu einem völlig neuen architektonischen Konzept zu gelangen, dieses erforschte er zum ersten Mal in seinem Projekt für die katholische Mission in Tanger – seiner Gralsburg.[13]

Separando junxit
Die katholischen Missionen waren für Gaudí

ein neues Montserràrat, der Montsalvatge, die Gralsburg von Richard Wagners Parsifal und Lohengrin (zwei Werke, die damals in Katalonien sehr bewundert wurden). Das Zusammenkommen der Vollendung des Kölner Doms und der Gralsgeschichten gab mir den Impuls, diese Einflüsse auf das Tanger-Projekt zu untersuchen. Ich denke, Gaudí verstand dieses Projekt als ein chateau idéal, ein ideales öffentliches Gebäude.

Viele europäische Kathedralen waren im 19. Jahrhundert noch unvollendet. Obwohl in den Archiven der Sagrada Família und anderswo keine Dokumente existieren, die auf einen Einfluss der Vollendung gotischer Kirchen auf Gaudí hindeuten, fragte ich mich angesichts der Koinzidenz der Fertigstellung des Kölner Doms und dem Beginn der Arbeit an der Sagrada Família im Jahr 1882, ob der Kölner Dom einen Einfluss auf Gaudí hatte.[14] Die Beziehung des Kölner Doms mit den Gralsgeschichten würde dafür sprechen.[15] Bereits 1835 hatte der Initiator der Vollendung des Kölner Doms, Sulpiz Boisserée, eine Rekonstruktion des Gralstempels nach den Erzählungen von Eschenbachs und von Scharfenbergs unternommen. Die Aquarelle von Jacques-Eduard von Steinle aus dem Jahr 1884 basieren auf seinen Illustrationen. In den Plänen von Boisserée und in Steinles Aquarellen weist das Gebäude wesentliche Ähnlichkeiten mit der „Gralsburg" in Tanger auf, die auch als zentralisiertes Gebäude angelegt ist.

Le château idéal
Die bemerkenswerte Ähnlichkeit zwischen Gaudís idealem öffentlichen Gebäude und einem viel älteren Projekt von du Cerceau für ein château idéal legt nahe, dass Gaudí dessen Studien kannte. Gaudí analysierte du Cerceaus Gralsburg und veränderte einige bauliche Elemente. Ähnlichkeiten bestehen in der Gesamtform des Grundrisses, dem Vierpass mit auskragenden Winkeln, dem quadratischen Raum im Vierpass, den vier spindelförmigen Treppentürmen über dem Hauptraum, die in beiden Projekten denselben Platz einnehmen, der Anzahl der Fenster, dem Flachdach und im umlaufenden Burggraben.

Der Grundriss von Montsalvatge in Tanger entspricht dem Vierpass oder Kleeblatt, wie er in der frühen christlichen Architektur vorkam und erneut seit Beginn des zweiten Jahrtausends. Die Hauptform des Projekts, ein Vierpass mit eingeschriebenem Quadrat, erscheint zuerst bei du Cerceau. Diese drei-, vier- und sechsblättrigen Formen finden sich bei Gaudí zunächst in den Schnitten und Details des ersten Astorga-Projekts.[16]

Der Aufriss, wie Gaudí ihn sich vorstellte, zeigt, dass die Tanger-Missionen ebenfalls auf einer spezifischen Geometrie beruhen – in diesem Fall einer Pyramidenkonstruktion, die Gaudí für die monumentalen Strukturen von Quadraten und gleichschenkligen Dreiecken als wesentlich betrachtete.[17]

Die ungewöhnliche Turmform ist neu in Gaudís Werk – und in der gesamten westlichen Architektur. Die Gründe für diese Formen liegen in Gaudís Streben nach strukturellem Gleichgewicht, der Rotation der Maya-Bögen und in den Fortschritten der wissenschaftlichen Architektur im 19. Jahrhundert.

Wegen „ihrer Größe und Pracht" mussten die Pläne der Heiligen Kongregation Fide Propaganda vorgelegt werden. Man sagt, das Projekt sei aufgrund einer „Entscheidung von oben" gescheitert. Klar ist, dass das Tanger-Projekt für Gaudí sehr wichtig war; er hatte es an seiner Atelierwand in der Sagrada Família immer vor Augen.[18]

Mit ihm machte Gaudí einen riesigen Schritt vorwärts. Viele Elemente finden sich zwar bereits in seinem früheren Werk, doch Gaudís Auffassung der Türme als rotierende Maya-Bögen ist völlig neu, durch sie erzielt er die charakteristische Form der Türme der Sagrada Família.

Gaudís Einflüsse zeigen sich in dem monumentalen Brunnen für die Plaza de Catalunya von 1877, dessen Ähnlichkeiten mit dem Tanger-Projekt auf der Hand liegen: die zentralisierte Anlage, die in vier Teile unterteilte Kreisform, die pyramidale Anordnung, der Wassergraben und die Mauer als Umrahmung sowie die Proportionen.

Hier deutet sich Gaudís zukünftige Architektur an: In dem Kreis der 16 Statuen scheinen die Konturen der Kirche der Colonia Güell auf;

7 Die Katholische Mission
für Afrika in Tanger.
Postkarte der einzig
bekannten Zeichnung;
gewidmet Mariano
Andrés, dem Förderer
des Casa-de-los-
Botines-Projekts in
León. Originalgröße 10.6
x 14.7 cm (laut Angaben
von T. Torii beträgt der
Maßstab des Originals
1:100 und 1:500).

darüber zeigen sich die Rippen der Türme der Sagrada Família.[19] In den Wasserstrahlen sind die Paraboloide gerade noch erkennbar, die Gaudí zuerst als ein intrados bei seinen Turmkuppeln einsetzte, später als ein extrados beim Tanger-Projekt, dann bei der Sagrada Familia und schließlich bei der Kirche der Colonia Güell in Santa Coloma de Cervelló. Wenn dies auch als bloß poetische Beobachtung erscheinen mag, so wird doch deutlich, dass Gaudí mit dem château idéal (bzw. der cité idéale) schon jahrelang vertraut war, bevor er die franziskanischen Missionen entwarf: Das Projekt für ein château idéal, das in Abbildung 32 von Jacques Androuets „Du Cerceau: Recueil Nouveau ou du château idéal" (Paris, Cabinet des Estampes) direkt unter dem Projekt von du Cerceau abgebildet ist, welches Gaudí für Tanger verwendete, weist eine unbezweifelbare Ähnlichkeit mit Gaudís Brunnen auf.

Gaudís Frustration über das Projekt für die Mission von Tanger führte ihn zu seinen ehrgeizigeren Plänen für die Sagrada Família. Es scheint, als habe er seinen Ehrgeiz Rom gegenüber beweisen wollen und beabsichtigt, seine zwölf Türme zu haben. Fast hätte er sie bekommen. Den Brunnen, die Missionen, die Kirche… zum dritten Mal Glück gehabt!

Jan Molema
Professor (h.c.) Dr. Ir. Ing. Technische Universiteit Delft.
Reial Acadèmia Catalana de Belles Arts de Sant Jordi:
Ehrenmitglied

1 Barcelona, 15.12.1846 – 09.07.1918

2 An der Grenze des Distrikts Sarriá in der Nähe des Bauernhauses Les Corts de Velles. später ergänzte er Can Feliu und Can Baldiri mit Can Cuyàs de la Riera.

3 „Alle Stile sind mit der Natur verwandte Organismen. Manche machen ,einzelne Felsen' (peña aislante) wie die Griechen und Römer, andere machen Gebirgskämme und ,Schluchten' (cumbreras y simas) wie die Indianer." Gaudís Erwähnung von „Indianern" (er schreibt: „indios") ist mysteriös, weil mit dem Wort Indianer sowohl Leute aus Indien als auch Ureinwohner Amerikas bezeichnet werden.

4 Es handelt sich um: Von Humboldt, A.: Pittoreske Ansichten der Cordilleren und Monumente Amerikanischer Völker. Tübingen 1810; Stephens, J. L./ Catherwood, Frederick (Zeichnungen): Incidents of Travel in Yucatán. New York 1849; Brasseur de Bourbourg, C.E.: Histoire des Nations Civilisées du Mexique et de l'Amérique Centrale durant les Siècles antérieurs à Christobal Colomb. Paris 1857-1859; Brasseur de Bourbourg, C. E.: Monuments Anciens de Mexique, Palenqué et autres ruines de l'ancienne civilisation de Mexique. Paris 1866; Charnay, D.: Cités et Ruines Amériques. Paris 1863; Charnay, D.: América Pintoresca. Barcelona 1884. Brasseurs Buch befindet sich in der Bibliothek der Ateneu Barcelonés sowie der Bibliothek von Katalonien, enthält aber keine einschlägigen Illustrationen. Die spanische Ausgabe ist im Katalog aufgeführt, der Band ist aber nicht verfügbar. In der Bibliothek der Hochschule für Architektur in Barcelona befindet sich kein Buch von Brasseur. Dieser Titel enthält viele farbige Zeichnungen, die aber eher bildhafte und weniger bauliche Elemente darstellen. Das Buch von Humboldt enthält außer einer Landschaft mit einer Seilbrücke (indigen?), die gewisse Ähnlichkeiten mit den später von Gaudí entworfenen bogenförmigen Konstruktionen hat, keine einschlägigen Stiche.

5 Editorial Montaner y Simón. Leider ist es unmöglich gewesen, herauszufinden, ob es zur damaligen Zeit Verbindungen zwischen Gaudí und dem Verlagshaus Montaner y Simón gegeben hat. Jedenfalls ist es gut möglich, dass Gaudí das Buch kannte.

6 Charnay, Desiré: America Pintoresca, S. 417-419. 1866 fand Abbé C. E. Brasseur de Bourbourg das Manuscrito Troano, eine Transkription eines Maya-„Buchs". 1880 fand Léon de Rosny den Codex Cortesiano im Archäologischen Museum von Madrid. Zusammen bilden diese zwei Kodizes den berühmten Codice Madrid (Trocortesiano), eines der ganz wenigen erhalten gebliebenen Zeugnisse der Buchkunst der Maya. 1883 fand ein Treffen von Amerikanisten in Madrid statt. Das Interesse an den prä-kolumbianischen Kulturen des amerikanischen Kontinents war in Spanien schon stark verbreitet, als Verdaguer sein Epos schrieb und Gaudí seine ersten Aufträge übernahm.

7 In der Behandlung der Fassade könnten die Form der Steinblöcke, aus der sie besteht, und die Simse von der Maya-Architektur übernommen sein. Die Maya verwendeten einen weichen Kalkstein, den sie in Blöcke schnitten, die an der Luft hart wurden. Der Stein des Palais Güell hat dieselbe Anmutung. Er wurde in der Gegend von Garraf gebrochen, wo die Steinbrüche von Güell eine sehr moderne Dreifachsäge hatten. Das heißt, der Stein wurde im Wesentlichen nicht anders behandelt. Dies bezieht sich auf die Behandlung oder die Kanten der Öffnungen. Die Form der Simse, wie diejenige, die Gaudí im Palais Güell verwendete, findet sich auch in der europäischen Kultur und steht möglicherweise in keinem Zusammenhang mit der Maya-Architektur.

8 Diese Anordnung finden wir in der Spirale von Chichen Itzá, einem Observatorium mit einer Wendeltreppe. Die Spirale erscheint auch auf S. 298 des zweiten Teils von Stephens Werk.

9 Andere Beispiele sind die Räume der Pyramide der Inskriptionen oder der Große Palast von Palenque; siehe etwa Charnay: America Pintoresca (siehe Anmerkung 6), S. 324 und Stephens: Incidents of Travel in Yucatán (siehe Anmerkung 4), Bd. 2, S. 351.

10 Siehe auch: Molema, Jan: Antonio Gaudí, un camino hacia la originalidad, El Capricho de Comillas. Santander 1992. Bassegoda Nonell, Joan: El gran Gaudí. Sabadell 1989, erwähnt Máximo Díaz de Quijano, der Gaudí bat, ihm ein Haus für Erholungszwecke zu bauen. Manche nennen Díaz de Quijano und andere ein Mitglied der Familie Güell. Wir können bestätigen, dass die Geschichte seines Ursprungs mit beiden Familien verbunden ist, López Díaz de Quijano und Güell y Bacigalupi, und dass in der Literatur auf Mittelamerika verwiesen wird.

11 Wir finden diese Balken auch in der Kuppel im Eingang von El Capricho, in den Brunnen und im sogenannten Raucherzimmer in der Casa Vicens.

12 Stephens, J. L.: Incidents of Travel in Yucatán (Appendix). In mehreren in Gaudís Zeit bekannten Büchern finden sich überraschende Ähnlichkeiten zwischen seinem Werk und den Illustrationen zur mittelamerikanischen Architektur. In dem sehr schönen Buch von Brasseur de Bourbourg zeigt der Stich 24 einen Indianer mit einer Pfeife, aus der Zungen herauskommen, deren Form dem oberen Teil der Stele, an der Gaudí sein Drachengitter befestigte, stark ähnelt.

13 „In der Bauhütte der Sagrada Família, wo Berenguer arbeitete, wurden wir nie müde, ein architektonisches Projekt zu betrachten, das dort an der Wand hing. Gaudí hat es geplant, aber nicht gebaut: das Haus der Franziskaner-Mission in Tanger, die er an Ort und Stelle studierte, als er mit dem Marquis von Comillas in Tetouan und Tanger war. Sie besteht aus einem zentralen Gebäude, das von Höfen umgeben ist und eine Einfriedung hat, die aus Schulen und anderen Nebengebäuden gebildet wird. Das Zentralgebäude ist die Kapelle und ihre Glockentürme sind fast dieselben wie die, die er später für den Sühnetempel baute. Das Projekt geht auf die Jahre 1892 und 1893 zurück." Ráfols, J.: Gaudí. Op. Cit, S. 68. Bis zur Veröffentlichung von Tokutoshi Toriis El mundo enigmático de Gaudí war dieses faszinierende Projekt in der Literatur über Gaudi nur äußerst eingeschränkt behandelt worden.

14 [4] Arnold Wolff, der leitende Architekt des Kölner Domes, bestätigte, dass es vor 1982 keine Kontakte zwischen der Sagrada Família und dem Kölner Dom gegeben hatte.

15 [15] Eberhard von Groote sagte in einem Vortrag am 13. April 1881: „Wie aber einst der Gral […] so möchten wir freudigen Vertrauens behaupten, dass eine gleiche Bestimmung auch unserm deutschen Dome vorbehalten Sei."

16 Obwohl die Gesamtform im gotischen Stil erscheint, ist ihre Position eine besondere. Es ist richtig, dass sie im Übrigen auch an anderen Orten auftaucht (Reims), aber im Kölner Dom bildet sie ein eigenes Thema: in den realen Fenstern, dem Chorgewölbe, der Chorbestuhlung und den Bodenmosaiken.

17 Hier enthält der Vierpass ein Quadrat, aber das Ganze unterscheidet sich vom Grundriss der Tanger-Missionen. Die Kante wurde um 45 Grad gedreht; das Quadrat bleibt. In diesem Fall handelt es sich um einen Vierpass als Basrelief auf den Innentüren. Diese Figur ähnelt der des Grundrisses der Franziskaner-Mission. Wir finden sie auch in den Fenstern der Krypta der Sagrada Família (Projekt von 1884). In dem in Astorga gebauten Palast weisen viele Fenster Varianten des Dreipasses als oberen Abschluss auf; sowohl dreiblättrige gerade Formen als auch gespreizte tauchen auf. In León würden nur runde Blattformen erscheinen.

18 Torii, T.: El mundo enigmático de Gaudí. Bd. 11, S. 266-283. In Bezug auf die schräge Stellung der Wände ist es notwendig, auf die Außenwände der Casa Milá und ebenfalls der Casa de los Botines in León sowie den Hof der Casa Batlló aufmerksam zu machen. Auf die schrägen Wände in den letzten Fällen wie bei dem Viadukt von Torre de Bellesguard und dem Park Güell wird hier nicht eingegangen.

19 In Bezug auf die Kapelle möchte ich kurz den zentralen Teil des Palais Güell erwähnen, genauer, den Bereich von den Auslegern zu dem kleinen Turm, obwohl der Eingang des Bischofspalastes von Astorga auch in Betracht gezogen werden muss. Einen Vergleich zwischen der Kirche der Colonia Güell und der Sagrada Família halte ich ebenfalls für angemessen.

Als Architekt besaß Antoni Gaudí ein phänomenales intuitives räumliches Vorstellungsvermögen und die bewundernswerte Fähigkeit, aus jedem seiner Bauten ein Gesamtkunstwerk zu machen. Eines der Geheimnisse seiner Kunst lag in seiner Meisterschaft in der Geometrie. In diesem Beitrag sollen die wesentlichen Charakteristika Gaudís in seiner Eigenschaft als Geometer zusammengefasst werden.

Gaudís naturwissenschaftliche Ausbildung

Im Jahr 1878 schloss Antoni Gaudí sein Studium an der Universität Barcelona ab. Zu der Zeit umfasste der Studiengang Architektur zunächst ein zweijähriges Grundstudium in naturwissenschaftlichen Fächern (obligatorisch für alle Studenten der Natur- und Ingenieurwissenschaften sowie der Architektur). Gaudí eignete sich also Kenntnisse in höherer Mathematik an, erwarb Grundwissen in Physik, Naturwissenschaften, beschreibender Geometrie und anderen technisch-wissenschaftlichen Fächern. Dadurch verfügte er bereits über relativ gründliche Kenntnisse der Technik des Bauens, die er im folgenden Architekturstudium durch Fächer wie Maschinenlehre, Steinbearbeitung, Baustoffkunde, Topografie, Ingenieurbau etc. ergänzte und erweiterte. Gaudí war somit ausgebildeter Architekt und Bauingenieur, ohne sich – und das ist das Interessante an ihm – nur auf die Lehre, das erworbene Bücherwissen, zu verlassen. Er nahm sich schon früh vor, sämtliche Konzepte und Konzeptionen, die in seinem Beruf zur Anwendung kamen, selbst praktisch zu testen. Heute kann man mit Fug und Recht behaupten, dass Gaudí – der als schlechter Student galt – ein großer Forscher war (Bonet, 2000).

Gaudí als forschender Geometer

In der seinem Büro angeschlossenen Werkstatt entwickelte Gaudí ein regelrechtes Forschungsprogramm zu Aspekten der Geometrie, die ihm in seiner Arbeit wichtig wurden, wobei er nicht etwa Geometriebücher studierte oder abstrakte Modelle untersuchte. Nein, er konzentrierte sich auf die experimentelle Suche nach optimalen geometrischen Lösungen, die er für seine Projekte verwenden konnte. Krümmungen, Flächen und Transformationen interessierten ihn nur dann, wenn er sie in seinen Bauten einsetzen konnte. Das erklärt seine Vorliebe für Regelflächen. Gaudí arbeitete mit Origami-Gebilden (Formen aus gefaltetem Papier), Eisenmodellen sowie Gipsmodellen in den Maßstäben 1:10 und 1:25. Damit schuf er ein geometrisches Universum im Dienste seiner eigenen Kreativität.

Gaudís Geometrie

Gründliche Untersuchungen von Gaudís Werken (Alsina und Gómez, 2002; Burry, 1993; Faulí 2006) haben es ermöglicht, die Merkmale seiner geometrischen Forschungsergebnisse zu beschreiben. Die so genannte Gaudí'sche Geometrie basiert auf den folgenden Grundsätzen:

1. Einfallsreiche Verwendung von Regelflächen
Kegel, Zylinder, einflächige Hyperboloide, hyperbole Paraboloide, Konoid- und Schraubenflächen wurden die Schlüsselelemente seiner nicht-ebenen Regelflächen für Dächer, Wände, Treppenhäuser etc.

2. Verwendung ausgewählter Krümmungen
Von Naturformen inspiriert, führte er die Kettenkurve

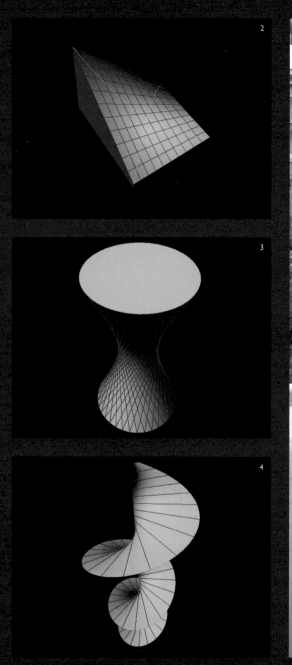

2 Hyperbolisches Paraboloid (Regelfläche).

3 Rotationshyperboloid (Regelfläche).

4 Schraubenfläche (Regelfläche).

5 „Dorische Säulen" im Park Güell, Barcelona (1900–14). Die Säulen fungieren als Rohrleitungen, um Wasser von der oberen Arena hinunter zu der unterirdischen kommunalen Zisterne zu leiten.

6 Turmspitze eines der Glockentürme der Weihnachtsfassade: eine Ansammlung an geometrischen Formen.

7 Schräge Säule mit einem Rotationshyperboloiden als „Kapitell", das die Säule mit dem Rest des Stützmauerwerks verschmelzen lässt.

als Idealform des Bogens in seine Architektur ein (Casa Milá (La Pedrera), Palau Güell, Finca Güell,...). Außerdem nutzte er Sinuskurven, Helixformen, Spiralen ebenso wie N-Ecke und konische Krümmungen (Ellipsen, Parabolen, Hyperbolen) in Verbindung mit seinen geliebten Regelflächen.

3. Geneigte Säulen

Bei den Entwürfen zum Park Güell, zur Colònia Güell und zur Sagrada Família brach Gaudí mit der traditionell lotrechten tragenden Konstruktionsweise und schuf geneigte Säulen, die auf äußerst effiziente Weise Lasten aufnehmen und ableiten.

4. Baumartig verzweigte Säulen

Das große Problem der Baumeister gotischer Kathedralen bestand darin, die Gebäude trotz ihrer himmelstrebenden Höhe stabil zu halten. Dies gelang nur mit Hilfe eines äußeren Strebensystems. Um dieses Problem zu umgehen, „übersetzte" Gaudí für die Sagrada Família die verzweigte Statik von Bäumen in ein System aus Baumstützen welche die akkumulierte Last der oberen Gewölbe und Türme aufnehmen, verteilt auf ihre vielen schlankeren Stützelemente.

5. Isometrien

Gaudí nutzte Isometrien auf geschickte Weise, indem er zum Beispiel Wiederholungen schuf, entweder durch Verschiebung (Translation) eines Elements entlang einer Linie wie bei den Parabelbögen des Colegio Teresiano oder durch Rotation wie im Park Güell, wo er ein Element drehte, um eine Konvex-Konkav-Wirkung zu erzielen, oder durch Symmetrie, um ein Element zu „spiegeln".

6. Schraubenförmige Transformationen

Indem er Rotationen und Translationen kombinierte, gelang es Gaudí, die für ihn ideale Säulenform zu erzeugen – als Boole'sche Durchdringung zweier Salomonischer Säulen, entstanden aus der jeweils links- und rechtsgedrehten Spiralbewegung regelmäßiger N-Ecke.

7. Symmetrische Lastenverteilung

Gaudí nutzte maßstabsgerechte Hängemodelle der Lastverteilung und elementare grafische Verfahren, um durch Symmetrie die endgültige Tragwerksform zu ermitteln.

8. Netzkonstruktionen

Bei der Casá Mila gelang es Gaudí, die tragende Funktion der Außenmauern aufzuheben, indem er die

konstruktiven Innenelemente als vernetztes System entwarf. Beim Park Güell bildete er das Hauptquadrat aus einem Quadratgitter.

9. Modulares und proportionales Gestalten

Für die Sagrada Família verwendete Gaudí ein Grundmodul (7,5 Meter) und ein Proportionssystem (1/4, 1/3, 1/2, 2/3, 3/4, 1), um die Maße der verschiedenen Elemente zueinander in Beziehung zu setzen.

10. Ähnlichkeiten

Es ist sehr beeindruckend zu sehen, wie Gaudí die gleiche Form in vielen verschiedenen Größen einsetzte. In den Gewölben der Sagrada Família zum Beispiel finden sich sehr große hyperbolische Paraboloide, aber auch – am Fuß der Säulen – sehr kleine.

11. Komplexe Erzeugung neuer Formen

Gaudí schuf zahlreiche neuartige, von der Klassik abweichende Formen unter Einsatz einer Fülle geometrischer Verfahren: Rundungen mit Hilfe von Parabeln, Kreisen oder sinusförmigen Profilen – Doppelungen – Durchdringung oder Entfernung von Körpern – Zerlegung räumlicher Konfigurationen etc. Interessanterweise verwendete er keine Polyeder in der üblichen Weise, sondern erfand neue Formen (wie beim Turm der Sagrada Família), indem er regelmäßige Polyeder (Kuben und Oktaeder) und Kugeln ineinander verschränkte.

12. Assoziation geometrischer Formen mit Metaphern

Die oben beschriebenen geometrischen Grundsätze Gaudís erwecken vielleicht den Eindruck, er habe nur optimale und minimale Lösungen in Betracht gezogen. Es muss daher festgestellt werden, dass Gaudí nicht nur funktionale Kriterien im Blick hatte, sondern geometrische Elemente auch gerne als Metaphern einsetzte. Seine Gebilde sind mitunter Nachahmungen natürlicher Formen (etwa von Palmen und anderen Bäumen oder Früchten), andere sind dagegen Anspielungen auf die Vorlieben des Bauherrn (wie zum Beispiel die griechischen Säulen im Park Güell oder die Fliesen in der Casa Vicens). So manche seiner Metaphern werden von den meisten Menschen gar nicht erkannt, darunter die Darstellung des Gedichts L'Atlàntida in der Finca Güell und das Meer in der Casa Milà.

Geometrie für den Weiterbau der Sagrada Família

Gaudí war sich darüber im Klaren, dass nur ein kleiner Teil der Sagrada Família zu seinen Lebzeiten vollendet werden würde. Deshalb konzentrierte er sich auf die Ausarbeitung des Gesamtentwurfs und die der Geburt Christi gewidmeten Ostfassade. Gaudí ging davon aus, dass mehrere Architektengenerationen nach ihm (Bonet, 2004) am weiteren Bau der Kirche beteiligt sein würden und war daher vor allem daran interessiert, die geometrischen Formen und Grundsätze festzulegen, die auf unzweideutige, systematische Weise seine Nachfolger bei der Vollendung des Bauwerks leiten würden. So ist es auch gekommen. Es ist möglich, die Arbeit an der Sagrada Família ganz in Gaudís Sinn fortzusetzen, weil außer Detailzeichnungen, Diagrammen und Gipsmodellen die von ihm formulierte, klare geometrische Methodik vorhanden ist. Die Geometrie war für ihn also ein Entwurfswerkzeug, aber auch ein architektonisches Regelwerk, das umgesetzt werden musste.

Claudi Alsina i Català
Professor für Mathematik. Fakultät für Baukunde,
Escola Tècnica Superior d'Arquitectura. Universitat
Politècnica de Catalunya

Literatur:

ALSINA, C. i GÓMEZ, J., Geometria Gaudiniana, in Gaudí: La Recerca de la Forma, ICB, Ajuntament de Barcelona, Lunwerg Editores, Barcelona, 2002, 26–45.

ALSINA, C. i GÓMEZ, J., , Gaudí, geometricamente, La Gaceta de la RSME, Vol 5–3, 2002,523–558.

ALSINA, C., GÓMEZ, J., FAULI, J., La Geometria i l mecànica a l'obrador de Gaudí, Revista de Tecnologia, SCT, No. 1 (2004) 12–27.

BONET, J., L'últim Gaudí, Barcelona: Pòrtic 2000.

BONET, J., Temple Sagrada Família. Barcelona: Escudo de Oro, 2004.

BURRY, M., Expiatory Church of the Sagrada Família: Antoni Gaudí. Londres: Phaidon, 1993.

FAULÍ, J., El templo de la Sagrada Família, Ediciones Aldeasa, Barcelona, 2006.

GIRALT–MIRACLE, D., (ed.) Gaudí'2002. Miscelània. Aj. Barcelona i Planeta, Barcelona, 2002.

GIRALT–MIRACLE, D. (ed), Gaudí. La recerca de la forma. Espai, geometria, estructura i construcció. Ajuntament de Barcelona–Lumberg, Barcelona, 2002.

"Dach des Waldes", das vollständig aus Regelflächen gebildet wird: Langhaus der Sagrada Família (errichtet 1979–2004).

Langhaus der Sagrada Família im Bau.

Schablonen des Steinmetzes, hergestellt als eine sich schneidende Serie, die auf einer einzigen Parabel basiert.

Detail der Fassade der Casa Batlló, Barcelona (1904–06).

Gestalterische Einblicke

1:12	2:12	3:12	4:12	5:12	6:12	7:12	8:12	9:12	10:12	11:12	12:12
7.5	15	22.5	30	37.5	45	52.5	60	67.5	75	82.5	90

1   Tabelle der Verhältnisse und Hauptmaße für das gesamte Gebäude.

2   Grundmaße für die Säulen des Kirchenschiffs.

3   Tabelle der Säulenhierarchie und Formen.

Temple de la Sagrada Família

Sèrie	12	10	9	8	7	6	5	4	3	2	1
Intereix	90	75	67.5	60	52.5	45	37.5	30	22.5	15	7,5
Fraccions	1	5/6	3/4	2/3	7/12	1/2	5/12	1/3	1/4	1/6	1/12
Ø	210	175	157.5	140	122.5	105	87.5	70	52.5	35	17.5

escala 1/50

Nomenclatura	Columna 12	Columna 10	Cantoria	Columna 8	Evangelista	Columna 6	Nau Central	Nau lateral	Nau lateral	Claustre	Claustre
	210 -35=	175 -35=		140 -35=		105 -35=	70 -35=		35		
	6/6	5/6		4/6		3/6	2/6		1/6		
	3 □	2 ⬠		2 □	1 ⬡	2 △	2 □	1 ⬠	1 □	1 □	
Hiperboloides Ø	180	150	135	120	105	90	75	60	45	30	15
El·lipsoid del nus 8	360	300	270	240	210	180	150	120	90	60	30
El·lipsoid del nus 10	450	375	337.5	300	262.5	225	187.5	150	112.5	75	37.5
El·lipsoid del nus 12	540	450	405	360	315	270	225	180	135	90	45

3.60   2.40   1.80
2.70   1.80   1.35
1.80   1.20   .90

Antoni Gaudí war sehr wohl bewusst, dass Proportionen in der Architektur von großer Bedeutung sind. Ferner war er sich sicher, dass die Sagrada Família ein Werk war, das er nicht vollendet sehen würde. Andererseits war er sich im Klaren darüber, dass er die „neue Architektur", die er konstruieren wollte, gut erklärt hinterlassen musste und die Geometrie dabei ein unentbehrliches Element bildete. Anhand der Modelle im Maßstab 1:10 und 1:25 konnte er den Arbeitern und Spendengebern zeigen, wie die zukünftige Kirche aussehen sollte.

Obwohl Gaudís Arbeitszimmer in der Werkstatt zerstört wurde, konnte ein großer Teil der Gipsmodelle, seiner Forschungen und Studien gerettet werden und viele Dinge ließen sich durch das, was publiziert war, rekonstruieren.

Nachdem er die geometrischen Regeln für die Bildung der Säulen und für die stützenden Verzweigungen in den Schiffen gefunden hatte, stand er der Herausforderung gegenüber, eine Lösung für die Gestaltung der Knotenpunkte oder Kapitele der vier Hauptsäulen zu finden, von deren vieleckiger Basis aus die Verzweigungen ausgehen.

Die beiden Modelle im Maßstab 1:10, die scheinbar von Ellipsoiden ausgehen, konnten wiederhergestellt werden. Um diese Säulen in Originalgröße herzustellen, hätte jedes Maß der Elemente einfach mit dem Faktor 10 multipliziert werden müssen. Die Modelle erlaubten ihm aber auch, zu untersuchen, von wo sich die Formen entwickeln. Da es eine Reihe originaler Modelle gab, konnte man sie reproduzieren und dabei die Haupt-, Neben- und kleineren Achsen jedes ellipsoiden Elements ausmessen. Als ich diese Maße sorgsam aufzeichnete, war ich überrascht, dass alle Achsen der Ellipsoide im selben Verhältnis zueinander standen: ein Ganzes, zwei Drittel oder die Hälfte.

Etwas später, als ich mich dafür interessierte, wie die Maße in den Schiffen sind, stellte ich fest, dass die Proportionen dieselben sind: 90, 60, 45. Bei anderen Untersuchungen fand ich heraus, dass das Gleiche für die Durchmesser der Hauptsäulen der Schiffe zutraf: 210 für die der Vierung, 140 für die des Mittelschiffs und 105 für die im Seitenschiff.

Daraufhin begann ich zu untersuchen, wovon diese Formen ausgehen, und wollte die Proportionen des Ganzen feststellen. Auf diese Weise entdeckte ich, wie die Modulation der Maße für die Fenster, der Ebenen, der Längs- und Querschnitte, bei den Glockentürmen, den Säulenzwischenräumen usw. entstanden.

Vom Grundriss ausgehend bestimmt der Säulenabstand von 7,5 Metern die gesamte Komposition. Gaudí zog es vor diese Maßkette sowohl im Grund- und Aufriß als auch den Schnitten für das Haupt- und Querschiff beizubehalten und verzichtete darauf, es mit den Achsen der bereits errichteten Krypta zu verbinden. Vielfache dieses Grundmaßes von 7,5 Meter sind in unterschiedlichen Serien anzutreffen, dazu gehören alle allgemeinen Maße der Kirche und viele Details.

Die gesamte Kirche ist daher auf einfache Weise durch ein System von Divisoren oder Multiplikatoren von 12 modular bestimmt. Darauf hat mich der Mathematiker Prof. Dr. Claudi Alsina hingewiesen.

Diese Modulationen verbinden auch die geometrischen Formen, die von einer erzeugenden geraden Linie (Regelflächen) ausgehen. Die Anstrengungen, die Gaudí für die Entwicklung seiner Architektur unternahm, waren gewaltig, in Anbetracht der kargen Mittel, die ihm zur Verfügung standen. Die Computer machen das heute alles viel leichter.

Gaudí war auch in der Lage, eine perfekte Lösung für die Verzweigung der Säulen zu entwickeln: Er führt eine Verdrehung von einer zu zwei Säulen durch, indem er einen achtstrahligen Stern, der aus zwei Quadraten gebildet wird, als Ausgangsfigur nimmt. Von dort aus entflechten sich die beiden symmetrischen Zweige, die aus jedem Quadrat bei der Teilung entstehen. Der Kreis an der Basis der Säule verwandelt sich im Verlauf in den achtstrahligen Stern, aus dem sich am oberen Ende wieder zwei Kreise ergeben, deren Durchmesser mit dem Hals der Hyperboloiden an den Kuppeln übereinstimmt.

Dasselbe geschieht bei der Verzweigung in vier Säulen, die die Kuppeln tragen: Sie gehen von einem Kreis an der Basis der Säule aus, werden in ein Quadrat umgebildet, aus dem schließlich ein Rechteck entsteht. Es ist sogar noch überraschender, dass Verzweigungen, die aus einem Quadrat und einem Fünfeck hervorgehen (als verdrehte Kristalle), das gleiche Seitenmaß von 52,5 Zentimetern haben. Die eingeschriebenen Durchmesser behalten dieselben Proportionen bei.

Die Computerzeichnungen dieser Elemente zeigen die Möglichkeiten der Geometrie – eine ganz und gar geometrische Entwicklung oder mit anderen Worten: ohne die Möglichkeit eines Irrtums. Es ist eine Systematisierung der Gestaltungsformen sowohl für die Säulen wie für die Gewölbedecken, die bis dato unbekannt war.

Es ist geboten, sich die Einbildungskraft dieses Meisters zu vergegenwärtigen, der nicht nur Raum und Volumen sah, sondern auch die Umsetzung in die Konstruktion berücksichtigte und löste.

Es überrascht insofern nicht, dass er sagte: „Grundlage aller Rationalität ist die dreiteilige Regel: Proportion, Mathematik und Syllogismus. Der Mensch muss Unterstützung durch diese Mittel suchen. Das bedeutet, dass man eine Sache wissen muss, bevor man eine andere finden kann, die als sichere Basis dient; den ersten Schritt zu machen und danach den nächsten. Ein Problem mit vielen unbekannten Faktoren muss schrittweise gelöst werden. Der Mensch kann zwei unbekannte Faktoren miteinander vergleichen, um daraus das unbekannte Verhältnis zwischen zwei anderen abzuleiten. Das ist Proportion – A steht zu B wie C zu D."

Gaudí behält überall die modularen Proportionen und Maßketten bei, die in logischer Abfolge wiederholt werden.

Es ist überraschend zu sehen, wie durch das Zusammentreffen in einer ausgewogenen Anordnung geometrische Formen, die von der Natur inspiriert sind, noch weit über die Grenzen hinweg entwickelt werden können, die Gaudí erreicht hat.

Die möglichen Kombinationen, die aus einer geraden Linie erzeugt werden, sind bei Zuhilfenahme der Geometrie äußerst zahlreich! Bei dieser Klarheit seiner Ideen und Meisterschaft in der Raumvorstellung erweckt Gaudí auch bei dieser nur wenig bekannten Facette seines Genies weiterhin Bewunderung.

Jordi Bonet i Armengol
Dr. Arch., Chefarchitekt und Direktor der Bauarbeiten an der Sagrada Família. Präsident der Reial Acadèmia Catalana de Belles Arts de Sant Jordi

Sowohl die geometrischen als auch die technischen Elemente, die Antoni Gaudí benutzte, stießen damals wie heute in der gesamten Kunstwelt auf Bewunderung und Interesse. Es ist erfreulich, dass wir heute in der Lage sind, einige seiner handwerklichen Kunstgriffe vorzustellen, sodass wir die Synthese aus den verschiedenen Materialien, die in seinen Arbeiten zum Ausdruck kommt, besser verstehen und vermitteln können.

Antoni Gaudís Atelier lag an der Ecke Sardenya- und Provença-Straße, nahe der Kirche Sagrada Família. Es war ein organisch gewachsenes Bauwerk, das abhängig von den jeweiligen Bedürfnissen in verschiedenen Phasen erweitert wurde. Der erste Teil, das Haus des Kuraten (Kurat = Hilfspriester), entstand um 1887. Wir können davon ausgehen, dass sich Gaudí als Architekt der soeben begonnenen Sagrada Família selbst um den Bau kümmerte. Das Gebäude hatte ein Giebeldach mit Kuppelauskragungen aus flachen Ziegeln an den Rändern. Die Fenster waren mit schräg gestellten, himmelblau gestrichenen Holzgittern versehen. Gegen Ende des Jahrhunderts begann man damit, das obere Geschoss in ein Atelier für Gaudí umzugestalten. Zu Beginn des 20. Jahrhunderts wurde ein Anbau zur Aufnahme der hell beleuchteten Fotografie- und Modellwerkstatt und des angrenzenden Modelllagers hinzugefügt.

Ein Teil des Dachs über der Fotowerkstatt und über dem Bereich, in dem sich das Modell des Mittelschiffs der Sagrada Família im Maßstab 1:10 befand, war beweglich. Es wurde durch Gegengewichte ausbalanciert, damit das natürliche Tageslicht abgestuft einfallen konnte. Der obere Teil des Daches war als Kugelkappe ausgeformt, um für das größere Modell des Mittelschiffs der Sagrada Família genügend Platz zu schaffen.

Um eine ästhetische Klarheit der beiden Fassaden zu erreichen, wurden angepasste quadratische Fenster eingebaut, das durch sie einfallende Licht regulierte eine Reihe von Vorhängen. Das angrenzende Modelllager mit einem konischen Flachziegeldach wurde zum Vorbild für das Dach der provisorischen Schulen der Sagrada Família, die zehn Jahre später errichtet wurden.

Um 1906 wurde diesem Ensemble ein Nebengebäude von ungefähr 50 Quadratmetern angefügt, mit einem gewölbten Ziegeldach und oberhalb angebrachten Anagrammen der Sagrada Família. Trotz der Beschädigungen und der Zerstörung während des Bürgerkrieges im Jahr 1936 befindet sich der Bau heute wieder in einem guten Zustand.

Der Gebäudekomplex lag in einer Waldung und war von Eukalyptusbäumen, Palmen und anderen Laubbäumen umgeben, zwischen denen sich weitere Nebengebäude – im Schatten liegende Bauhütten und Umfriedungen – befanden. Das gesamte Ensemble bildete die Arbeitsstätte von Gaudí. Hier schuf er seine Werke, hier traf er, solange er lebte, seine Freunde und Architektenkollegen. Hier war seine „Nautilus", seine Werkstatt.

So schrieb César Martinell: „Ich ging oft in seine Werkstatt nahe der Kirche – ein Pavillon, der im Krieg von 1936–1939 zerstört wurde und der sich an der gleichen Stelle befand wie der heutige Pavillon. Das Äußere bildete eine unverputzte doppelschalige Wand, die verziert und mit durchdringenden Querträgern versehen war. Das obere Stockwerk, in dem Gaudí seine Werkstatt hatte, konnte man leicht über eine Holztreppe erreichen, die zu einem

2 Innenansicht von Gaudís Atelier.

3 Gaudís Schlafraum in seiner Werkstatt. Neben dem Bett das Modell der endgültigen Fassung einer Fiale für die Weihnachtsfassade im Maßstab 1:25.

4 Eine Teil von Gaudís Atelier mit Gegenständen, an denen er persönlich gearbeitet hat. Im unteren Bereich der linken Wand eine Zeichnung der Passionsfassade.

5 Arbeitsbereich für den Aufbau des Langhausmodells im Maßstab 1:10. Rechts zwei Säulen des

geräumigen Anbau führte, dessen Aufteilung großzügig und angenehm war und mit einfachen Möbeln aus naturbelassenem Holz eingerichtet war. Ein weiterer Anbau, der ebenfalls großflächig und von unregelmäßigem Grundriss war, konnte durch eine Glastür betreten werden. Der hintere Teil diente als Lagerraum für Gipsmodelle, die Vorarbeiten zu den Skulpturen waren die er entwarf. Sie waren mit originalen Gegenständen und Materialien gestaltet und umhüllt von Sackleinen und anderen Stoffen.

Der Arbeitsbereich war größtenteils von Glasflächen umgeben, das einfallende Licht wurde durch Rankgewächse abgeschirmt, die an der Außenseite wuchsen. Trotz seiner traditionellen Elemente wies das gesamte Ensemble ein Raumkonzept auf, das auch durch die heutige Architektur nicht übertroffen wird.

Eines der Gebäude hatte ein Dach, das durch den Einsatz von Gegengewichten beweglich gestaltet war, ähnlich wie bei einer großen, zweiflügligen Tür. An sonnigen Wintertagen wurde dieses Dach geöffnet, so dass das Licht hineinfluten konnte. Weiter hinten gab es einen kleinen halb versteckten Anbau, vollgestopft mit Modellen, Papierrollen und Plänen. Diese lagen ungeordnet um das bescheidene Bett herum, in dem Gaudí des Nachts schlief, wenn schlechtes Wetter oder andere Umstände ihn daran hinderten, zum Park Güell zu gehen, wo er damals wohnte."

César Martinell: Gaudí i la Sagrada Familia. Barcelona 1951, S. 105

In seiner Werkstatt erarbeitete Gaudí ein Entwurfssystem, das auf einer Kombination von einigen wenigen gezeichneten geometrischen Formen (Helikoide, Hyperboloide, Paraboloide, Ellipsoide) nach Regeln beruhte, die er während des langen Entwurfsprozesses entwickelt hatte. Er schuf ein ausbalanciertes Tragwerk aus schräggestellten Säulen, die in einem kontinuierlichen Verlauf miteinander verschmelzen und den Einfall von großen Lichtmengen durch die Kuppeln erlauben.

Gaudís Methode der Formfindung begann mit einer ersten Bestimmung des Vorhabens in Grobzeichnungen, die dann in Gipsmodelle übertragen wurden. Diese wiederum wurden in das Gesamtmodell eingesetzt, um sie zu analysieren und modifizieren. Gaudí arbeitete mit der Unterstützung seiner Helfer – Architekten, Designer und Modellbauer –, die in in

bestimmten Bereichen in ständigem Kontakt standen. Auf den Fotografien können wir Gipsmodelle von so unterschiedlichen Objekten wie Skulpturen, Öllampen, Säulen, Kapitellen, Kuppeln oder der Turmspitze der Fassade der Geburt Christi sehen. Gaudí arbeitete an all diesen Dingen zur gleichen Zeit und deshalb teilen sie auch, trotz ihrer Unterschiedlichkeit, die gleichen geometrischen Merkmale.

Gaudís Werkstatt befand sich im oberen Stockwerk im Haus des Kuraten. Die Fotografien zeigen die Einrichtung seiner Werkstatt zu einem Zeitpunkt, der mit Sicherheit nach seinem tragischen Tod liegt.

Auf einer der Fotografien können wir an der Wand aufgehängte Fotos sehen, die Mosaiken aus Venedig zeigen. Diese wurden ihm von seinem Freund und Mitarbeiter, dem Architekten Lluís Bonet, als Anregung für die Dekoration an der Turmspitze gebracht.

In der Mitte befindet sich eine Aufnahme der Kirche Sagrada Família, die 1910 im Grand Palais in Paris ausgestellt wurde, daneben hängen Zeichnungen der endgültigen Fassung der Passionsfassade.

Ein anderes Foto zeigt den Raum, in dem die Zeichenbretter aufbewahrt wurden. Gaudí baute hier gewissermaßen eine Zwischendecke aus den Gipsmodellen von Tieren. Sie sollten später in Stein gehauen werden und die Turmspitzen der Apsis schmücken, ebenso wie die Wasserspeier. Gaudí erreichte so für diesen Raum eine gute Isolierung und ein fantastisches, bizarres Erscheinungsbild. Zwei herabhängende Gaslampen beleuchteten diesen Bereich, der im Winter durch einen katalanischen Ofen beheizt wurde. Auf der rechten Seite hing ein Gemälde, das Geschenk eines Franziskanermönchs aus Chile, der Gaudí um den Entwurf für eine Kirche im dortigen Rancagua gebeten hatte. Weiter hinten sowie auf der rechten Seite hingen zwei Modelle von Gussformen für die Tür der Rosenkranzkapelle vom Kreuzgang der Sagrada Família. Rechts auf einem Zeichenbrett befand sich ein Modell im Maßstab 1:25 von den Kuppeln der Kirche, mit einander überlappenden hyperbolischen Kapitellen. Zwei Hexagone aus Gips oben an der Decke stellten die Studie für die falsche Decke im Torino-Café dar, an der Gaudí mitwirkte. Hinter dem Zeichenbrett befand sich eine Säule aus dem Mittelschiff der Sagrada Família mit einem der Kapitelle. Letzteres ist auf der Fotografie, die von der gegenüberliegenden Seite

aus aufgenommen wurde, deutlich zu erkennen. An verschiedenen Stellen hingen geometrisch geformte Objekte aus Alabaster für die Gestaltung von Lampen oder Votivlaternen.

Die Aufnahme der Fotowerkstatt zeigt zwei Säulenmodelle in der letzten Entwurfsfassung von Gaudí. Auf der linken Seite ist einer der beiden Typen der durch die Überschneidung von Ellipsoiden gebildeten Knotenpunkte in den Kapitellen der sich verzweigenden Säulen zu sehen. Auf der rechten Seite zeigt ein kleines Modell aus Holz und Draht eine Untersuchung von Gaudí über Schrauben- oder Doppelschraubenflächen. Im hinteren Teil des Raums ist die Verbindung zum Modelllager in einem Nebenraum zu erkennen.

Auf einer weiteren Fotografie sind auf dem Boden des Modellraums Gipsmodelle für das Mittel- und Seitenschiff zu sehen, umgeben von weiteren Gipsmodellen – menschliche Figuren, die Gaudí für die Skulpturen an der Fassade der Geburt Christi entworfen hatte.

Ein Bild seines Schlafzimmers zeigt das endgültige Modell der Turmspitze, in zwei Teile zerlegt für den leichteren Transport, zusammen mit anderen Objekten wie einen transportablen Arbeitstisch und persönliche Gegenstände.

Auf zwei Fotografien sind zwei der Votivlaternen zu sehen, die Gaudí für die Andacht in der Krypta schuf. Eine davon konnte trotz aller Beschädigung nach dem Bürgerkrieg wiederhergestellt werden.

Um die Anordnung von Körpern genauer zu studieren, verwendete Gaudí menschliche Skelette. Doktor Tiras, der nahe dem Park Güell lebte, war einer derjenigen, die es ihm ermöglichten, mit den Skeletten zu arbeiten.

Wenn wir uns die Umgebung betrachten, in der Gaudí lebte, entdecken wir noch weitere Dinge wie Stühle, Ablagen und andere Gegenstände, die er für seine Werkstatt entworfen hat. Antoni Gaudí verrichtete den größten Teil seiner Arbeit in diesem Umfeld; hierher kamen seine Freunde, um ihn zu treffen und zu bewundern, vor allem in den letzten Jahren seines Lebens.

Die Berichte davon erhalten eine große Aussagekraft, wenn wir sie mit der räumlichen Realität, durch die sie angeregt und bewegt wurden, in Verbindung setzen. Im

Folgenden haben wir hier Textauszüge von Personen zusammengestellt, die Gaudí noch selbst erlebt haben oder aber sein persönliches Umfeld gut kannten:

„Gaudí, der die Arbeit liebte, sollte ihr schon bald sein ganzes Leben widmen. Wer auch immer ihn besuchen wollte, musste ihn in seiner Werkstatt an der Sagrada Família aufsuchen. Hier konnte es vorkommen, dass er seine Ideen zu Theologie und Kunst erläuterte, während er gleichzeitig eine Anweisung an einen Assistenten gab und eine andere an einen Modellbauer. Er diskutierte ausführlich politische Themen und zeigte die Arbeit, die er selbst mit seinen Händen ausführte. Seine Architektenkollegen, die ungefähr gleichzeitig mit ihm ihr Examen gemacht hatten, wandten sich schon bald von ihm ab – entweder weil sie ihn nicht verstanden, oder aber weil sie mit ihrer eigenen Arbeit zu sehr beschäftigt waren. Es gab einige wenige junge Architekten, die zu ihm kamen und begierig darauf waren, von ihm zu lernen."

Josep Ràfols: Gaudí. Barcelona 1928, S. 128

„Er führte mir die Tests vor, die er mit den Röhrenglocken machte. Er spielte zwei Oktaven mit ganzen Noten und erhielt zwei vollständige Oktaven, die auch halbe Noten enthielten. Die Differenz in den Tönen erreichte er mithilfe von drei verschiedenen Vorgehensweisen. Er variierte die Länge einer Röhre, ihren Durchmesser, oder aber die Stärke des Materials. Wenn die Versuche beendet sind, wird er wissen, welches der drei Verfahren das Beste ist, und die Glocke in voller Größe herstellen. Er wollte sie zuerst im Modell testen. Wir haben nicht viel über die Glocken gesprochen, denn der Raum, in dem sein Assistent das Studienmaterial aufbewahrt, war kalt, und Gaudí fühlte sich heute nicht gut. Gaudí zog sich einen Mantel über, als wir uns zu seinen Glockenstudien begaben. Doch wir gingen schon bald wieder an den Platz, wo wir uns zuerst aufgehalten hatten. Hier hat er einen Ofen, neben dem wir dann standen und uns unterhielten. Gaudí stand mit dem Rücken zum Ofen und hielt die Hände hinter sich, um sie warm zu halten." (19. Dezember 1915)

César Martinell: Gaudí i la Sagrada Família. Barcelona 1951, S. 115

„Hin und wieder kam es vor, dass berühmte Leute, die Barcelona besuchten, des Nachmittags zur Werkstatt an der Kirche kamen, fasziniert durch die merkwürdige Steinmasse, die sich in Sant Martí auftürmte. An einem Tag kam Perdea. An einem anderen Tag war es Unamuno, der durch Maragall bei Gaudí eingeführt wurde, obwohl sie einander nicht verstehen konnten. Es kamen französische, argentinische, italienische Architekten und solche anderer Nationalitäten. Endlich war es ihnen möglich, den Architekten zu treffen, dessen Kathedrale seiner Träume sie gründlich studiert hatten."

Josep Ràfols: Gaudí. Barcelona 1928, S. 130

Le Corbusier besuchte Barcelona im Mai 1928. Als er die Sagrada Família sah, „bewunderte er die Rationalität [des Baus]. Ihm gefielen vor allem das neuste Modell, das auf perfekten Paraboloiden, Hyperboloiden und Heliokoiden basierte. Andererseits konnte er jedoch den Ornamentalismus der Fassade der Geburt Christi nicht verstehen, obwohl er ihre Ausstrahlung zu würdigen wusste."

Auszüge aus einem Bericht von Rafael Benet, zitiert bei Josep Ràfols: Gaudí. Barcelona 3 1952, S. 212-213

„Le Corbusier war vor allem von den einfachen, zweischaligen provisorischen Konstruktionen um die Kirche herum bezaubert."

Walter Gropius erklärte anlässlich eines Besuchs der Stadt im März 1932: „Von all den Architekten der alten Schule interessiert Gaudí mich [am meisten] vom Gesichtspunkt der Konstruktion aus, denn einige der Wände der Sagrada Família sind von bewundernswerter technischer Perfektion."

Gropius, der Barcelona bereits 1908 bereist hatte, schrieb 1969 seine Erinnerungen an einen Besuch in der Werkstatt von Gaudí nieder: „Er war in seine Arbeit vertieft und kaum ansprechbar. Seine Hingabe an die Aufgabe, seine Konzentration beeindruckten mich zutiefst, während doch, was er an Architektur hervorgebracht hatte, weit entfernt war von meinen eigenen, noch unbestimmten Vorstellungen."

Reginald R. Isaacs: Walter Gropius. Der Mensch und sein Werk. Die Reise nach Spanien. Bd. 1. Berlin 1983, S. 89

Eine Architekturwerkstatt in direkter Nachbarschaft zu dem großen Gebäude, das Gaudi zu seinem Atelier für die Sagrada Família verwandelt hatte, ist eine Konstellation, die, als 1919 – von Bruno Taut inspiriert – die Vorstellung einer Wiederbelebung der gotischen Bauhütten aufkam, den Beginn des Bauhauses – dessen Leiter dann Gropius wurde – beeinflusst haben dürfte.

9 Gipsabgüsse für die Skulpturen.

10 Modelllager. Im Vordergrund ein Gewölbemodell und eine Gruppe hyperbolischer Laternen mit einem konisch geformten Abschluss.

Später, im Jahr 1920, empfahl Gropius als Direktor des Bauhauses seinen Studenten Paul Linder und Ernst Neufert, die in seinem Büro angestellt waren, Barcelona zu besuchen. Linder berichtete später von diesen Erfahrungen:

„Das Gaudísche Haus stand auf der Baustelle. Es war uns gleich aufgefallen, wir hatten es uns von außen recht genau angesehen und akzeptierten es ohne Einschränkungen. Wir beobachteten, wie das einfache flache Dach des Hauptgeschosses an sonnigen Tagen aufgeklappt wurde, nicht anders als wenn man den Deckel eines Holzkastens aufklappte."

Rainer Stamm/Daniel Schreiber (Hg.): Gaudí in Deutschland. Köln 2004, S. 151

„Wir brannten darauf, Gaudí selber kennenzulernen, um den Weg zu verstehen, der vom Hirn und Herz dieses kleinen Männchens zu diesen gewichtigen und großen Bauwerken führte, die uns so bewegten … Busquets [ein junger Maler], war mit Gaudí sehr befreundet, eines Nachmittags nun sah er mich auf der Baustelle und nahm mich ohne weitere Umstände zum Meister mit.

Gaudí saß in einem großen Raum und hatte ein kleines Reißbrett auf den Knien, auf dem er mit Farbstiften Kurven auftrug … An allen Wänden waren hohe einfache Holzgestelle mit Büchern dicht besetzt. Im Hintergrund arbeitete ein Zeichner an einem Zeichentisch."

Rainer Stamm/Daniel Schreiber (Hg.): Gaudí in Deutschland. Köln 2004, S. 151/152

Es kam zu einer intensiven, lebhaften Konversation, die Linder in seinen Memoiren beschreibt:

„Vier Jahre nach meinem ersten Aufenthalt kam ich 1924 für einige Zeit wieder nach Katalonien. Gaudí schien mir unverändert, als ich ihn aufsuchte, und wir erneuerten unsere Freundschaft in der herzlichsten Weise. Die Arbeit an seiner großen Kirche war in der Zwischenzeit nur im Modellier-Raum weitergegangen. Es schmerzte einen zu sehen, dass [sic!] die Arbeit, die Gaudí als Krönung seines Lebens auffassen musste [sic!], so gar nicht voranrückte, während er selber, deutlich sichtbar, in den späten Herbst seines Lebens eingetreten war. Aber er beklagte sich nie darüber. Er war ein aufrichtig frommer und gottgläubiger Mensch."

Rainer Stamm/Daniel Schreiber (Hg.): Gaudí in Deutschland. Köln 2004, S. 156/157

„Ein Jahr darauf besuchte mich in München der Maler Busquets, von dem ich oben sprach. Kurz vor seiner Abreise von Barcelona war er bei Gaudí gewesen. Gaudí hatte ihm herzliche Grüße aufgetragen. Er denke oft an unsere streitbaren Unterredungen. Ich solle nach Barcelona zurückkommen. Das hatte ich schon geplant. Aber ich sah ihn doch nicht wieder, denn er starb sehr bald darauf. Wie man mir erzählte, auf tragische Weise."

Rainer Stamm/Daniel Schreiber (Hg.): Gaudí in Deutschland. Köln 2004, S. 159

Josep Gómez Serrano
Dr. Arch., Direktor der Bauarbeiten und verantwortlich für die Forschung an der Sagrada Família, Professor für Baukunde an der der Universitat Politècnica de Catalunya

Der Text entstand für die Demarcació de Barcelona del Col·legi d'Arquitectes de Catalunya (COAC) im Rahmen der Ausstellung L'obrador de Gaudí del fons fotogràfic Matamala, die im Sitz der COAC in Barcelona vom 21. September bis 7. Oktober 2006 gezeigt wurde.

Kirche der Colònia
Güell. Säulenhalle
mit Gewölbe in Form
von hyperbolischen
Paraboloiden. Das
Kreuz aus Kacheln kann
sowohl als christliches
Symbol als auch
als Darstellung der
geraden Linien einer
Regelfläche gelesen
werden.

Kirche der Colònia
Güell. Krypta
mit Rippen auf
gemauerten Bögen und
Basaltsäulen.

DIE BEZIEHUNG ZWISCHEN DER STRUKTUR DER KAPELLE DER COLÒNIA GÜELL UND DER SAGRADA FAMÍLIA

JOS TOMLOW

Gaudís tief greifende und anhaltende Beschäftigung mit dem Problem statischer Optimierung gipfelte in der Anwendung des Hängemodells beim Entwurf für die Kirche der Colònia Güell. Das „Hängemodell" beruht auf dem Prinzip der Umkehrung der Kettenlinie. Danach gilt ein Bogen aus gleich breiten Steinen als optimal geformt, wenn er von der Form der Kettenlinie abgeleitet ist. Eine an ihren zwei Enden aufgehängte Kette nimmt auf natürliche Weise eine optimale Form an, wobei nur Zugkräfte abgeleitet werden müssen. Auf den Kopf gestellt ergibt die Kettenkurve dann einen Entwurf für den rein druckbeanspruchten Bogen. Das Prinzip der umgekehrten Kettenlinie wurde um 1700 entdeckt. Durch Veröffentlichung (Poleni) wurde es später allgemein bekannt und sogar für Entwurfszwecke verwendet (Hübsch, Henschel). Gaudí war der Erste, der das Prinzip des Hängemodells dreidimensional anwendete.

Der Entwurf für die Kirche der Colònia Güell wurde ab 1898 bearbeitet und bis 1908 entstand das Hängemodell im Maßstab 1:10 und im Gewichtsmaßstab 1:10.000. Es bestand aus Fäden, die mit schrotgefüllten Säcken in eine stabile Netzkonfiguration gezogen wurden. So wurden auf den Kopf gekehrt die Wände, Kuppeln und Türme in parallelen oder radialen Fäden dargestellt. Nur eine Krypta und ein Treppenaufgang über einer Säulenhalle wurden bis 1914 erbaut.

Der Innenraum der Krypta mit der Rippendecke aus Ziegeln und schrägen Basaltstützen vermittelt bereits auf den ersten Blick die gewaltige architektonische Ausdruckskraft der innovativen Entwurfsmethode. Gaudí gelang eine einzigartige Interpretation der dreieckigen Gewölbefelder, welche den äußeren Treppenaufgang unterstützen. Diese wurden in hyperboloid-paraboloider Form erstellt, die sich an die Schrägen der sie umgebenden Bauformen anpassen lässt, ohne ihre geometrischen Eigenschaften zu verändern. Eine große Neuheit damals, nur vergleichbar mit den hyperboloiden Eisengittertürmen des russischen Bauingenieurs Suchov aus dem Jahr 1896.

Wichtige Ergebnisse des Entwurfs der Kirche der Colònia Güell und seiner teilweisen Ausführung sind:

* der Stützentypus, der in Richtung des Kräfteverlaufs geneigt ist;
* die Weiterentwicklung des katalanischen Gewölbemauerwerks aus flachen Ziegeln und Gipsmörtel;
* die praktische Anwendung der hyperboloid-paraboloiden Form, einer Verzerrung gerader Linien (einer Flächenstruktur);
* der typische Gaudí-Turm mit einer erweiterten paraboloiden Form und komplexer Turmspitze
* und schließlich das Problem der statischen Optimierung.

Alle diese Ergebnisse gingen in die erhaltenen Entwurfsarbeiten Gaudís für die Kirche der Sagrada Família ein, sie reiften durch Variationen und Entwicklungen in Richtung unvorhergesehener Resultate. Hinsichtlich der statischen Optimierung stellt sich eine wichtige Frage. Die bescheidene Kirche der Colònia Güell versuchte Gaudí mit Hilfe des Hängemodells zu optimieren, mit dem gleichen Ziel nutzte er für die Sagrada Família aber das grafische Berechnungsverfahren für die Statik. Wir können daher festhalten, dass die Verwendung eines anfälligen Werkzeugs wie dem Hängemodell für die Sagrada Família nicht als sinnvolle Option betrachtet werden konnte, da Gaudí in der frühen Entwurfsphase um 1900 zu viele Unwägbarkeiten entdeckte. Der synthetische Formfindungsprozess über das Hängemodell, bei dem alle Teile betroffen sind, wenn an ungeklärten Stellen Änderungen auftreten, harmonierte ganz und gar nicht mit der durchgehenden Wiederholung identischer Gewölbefelder, wie sie die Entwürfe der Sagrada Família aufweisen. Ebenso wenig entspricht die absichtliche Einbeziehung von Zugkräften in die Gewölbe – wie die grafische Statikberechnung (1923) zeigt – dem Optimierungsprinzip des Hängemodells durch reine Druckbeanspruchung.

Der Entwurfsprozess für die Kirche der Colònia Güell war demnach von grundlegender Bedeutung für die Kirche der Sagrada Família. In geometrischer Hinsicht von ähnlicher Bedeutung war das nicht realisierte Bauvorhaben für die Franziskanische Missionsstation in Tanger (1893), weil hier aus konischen Feldern abgeleitete komplexe geometrische Formen entwickelt wurden.

Jos Tomlow
Professor für Kunst- und Architekturgeschichte,
Fachbereich Bauwesen, Hochschule Zittau/Görlitz
(FH)

Literatur:

Graefe, R.: Zur Formgebung von Bögen und Gewölbe. In: Architectura – Zeitschrift für Geschichte der Baukunst, 1986, S. 50–67

Puig Boada, I.: L'Església de la Còlonia Güell, Barcelona 1976

Rubió Bellver, J.: Difficultats per arribar a la sinttesis arquitectónica, in: Anuario de la Asociación de Arquitectos de Cataluña y Baleares 1913, S. 63–79

Sugrañes, D.: Disposició estàtica del Temple de la Sagrada Família, in: Anuario de la Asociación de Arquitectos de Cataluña 1923, S. 17–36

Tomlow, J.: Das Modell – Antoni Gaudís Hängemodell und seine Rekonstruktion – Neue Erkenntnisse zum Entwurf für die Kirche der Colonia Güell. (doctoral thesis in german, spanish, english), Mitteilungen des Instituts für leichte Flächentragwerke (IL) N° 34, Stuttgart 1989

Tomlow, J.: Die Einführung einer neuen Konstruktionsform durch Suchov und Gaudí. In: V.G. Suchov – die Kunst der sparsamen Konstruktion, bearbeitet von R. Graefe, M. Gappoev, O. Pertschi, Stuttgart 1990

Tomlow, J.: La evolución de la innovación estructural de Gaudí – Los proyectos de la sede de la Misión Franciscana, la iglesia de la Colonia Güell y el templo de la Sagrada Família, in: OP Ingeniería y Territorio, N° 59, tercer época 2002, S. 48–57

Tomlow, J: The spirit of calculation in the architectural work of Antoni Gaudí, in: Gaudí 2002. Miscellany. Libro conmemorativo del Año Internacional Gaudí. Instituto de Cultura de Barcelona. Barcelona 2002, S.176–199

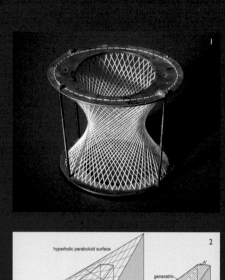

hyperbolic paraboloid surface

pieza

generatrix

A'

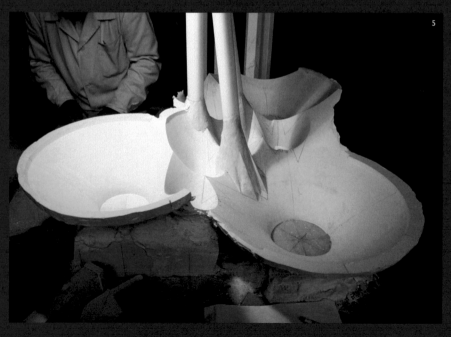

DIE GEOMETRIE DER REGELFLÄCHEN: ANALOGE UND DIGITALE DARSTELLUNG

MARK BURRY

1 Rotationshyperboloid (Regelfläche).

2 Das Diagramm zeigt die relative Leichtigkeit, mit der ein Steinmetz eine Regelfläche herstellen kann – es werden Schablonen angefertigt, die die Anfangspunkte und Abschlusspunkte von maßgeblichen geraden Linien (Generatrix/ Erzeugende) auf der Oberfläche kennzeichnen.

3 Gaudís Entwurfsmethode, wie sie von den Modellbauern erkundet wurde: Eine gerade Kante liegt eben auf einer Regelfläche (Rotationshyperboloid).

4 Die Verfahren, welche die Modellbauer heute anwenden, gehen durch die Kontinuität der Ausbildung auf Gaudí zurück: Es scheint, dass er mit diesen Mitteln nach einer Verschneidung benachbarter Flächen gesucht hat.

5 Mittlere Entwurfsphase: Mögliche Verschneidungen werden mit Näherungen der Regelflächen an Plastilinmodellen geprüft.

6 „Rapid Prototype" der Säule eines Fensters, unter Verwendung eines 3-D-Druckers hergestellt (Wachs, 2000).

7 Der Bildhauer Manuel Mallo mit seinen handgefertigten Styropor-Prototypen, die entschieden schneller hergestellt wurden als die des 3-D-Druckers (Lugo, Galicien, Spanien 2000).

Welche Methode benutzte Gaudi beim Entwurf und bei der anschließenden Entwicklung der Bauarbeiten für die Sagrada Família und wie relevant ist sie heutzutage noch, in einer Zeit, in der man sich dem Bau der Kirche mit digitalen Mitteln nähert?

Gaudí wollte über sein Werk nicht gerne schriftlich theoretisieren. Er suchte lieber das Gespräch und tauschte Informationen und Einsichten mit seinen begeisterten jüngeren Kollegen aus, wenn diese ihn in seinem Büro vor Ort besuchten. So existieren keinerlei offizielle Aufzeichnungen zu seiner Gestaltungsmethode, wenn man von den Gedächtnisprotokollen absieht, die von einigen seiner „Schüler" angefertigt und nachträglich veröffentlicht wurden. Darunter befinden sich eine Handvoll Zeichnungen, die man ihm vor seinem Tode nicht mehr zurückgegeben hat, Konstruktionszeichnungen, die bei der genehmigenden Behörde hinterlegt worden waren und außerdem solche, die wir aus Buchveröffentlichungen kennen. Im Bürgerkrieg im Jahre 1936 drangen Anarchisten während der Besetzung der Sagrada Família in Gaudís Werkstatt ein, verwüsteten sie und steckten sie in Brand. Dank der Fotografien, die vor diesem tragischen Vorfall entstanden, wissen wir von der Existenz von teils zusammengerollten, teils in Regalen befindlichen großformatigen Zeichnungen. Außerdem berichteten Kollegen von Schablonen, die auf mehrere meterlange Papierbögen gezeichnet waren. Vermutlich handelte es sich bei den zusammengerollten Zeichnungen ebenfalls um Schablonen. Durch das wenige Material, das erhalten geblieben ist, wissen wir jedoch, dass Gaudí ein hervorragender Skizzenzeichner war und dass er dieses Talent auf der Suche nach neuen Ideen zweifellos einsetzte, aber auch nutzte, um vor Ort eingreifen zu können.

Noch bis in die frühen 1980er Jahre hinein wurden die Arbeiten an der Sagrada Família von zweien seiner ehemaligen Kollegen koordiniert, beide zu jener Zeit schon über 90-jährig. Gemeinsam mit den Modellbauern, die ihrerseits von einem kontinuierlichen Ausbildungsprogramm profitiert hatten, gab es so eine hinreichende kollektive Erinnerung an Gaudís Absicht, das Gebäude ausschließlich mit Regelflächen zu vollenden. Dieses Ziel hatte er zumindest die

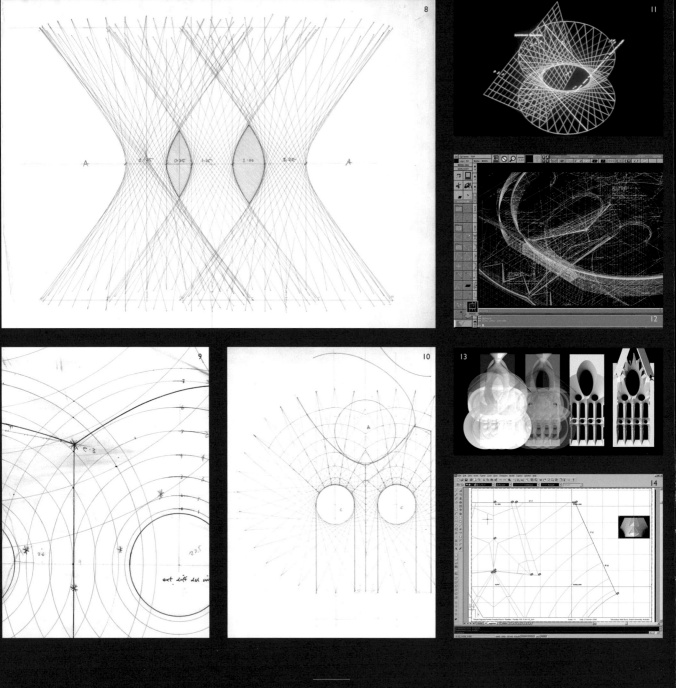

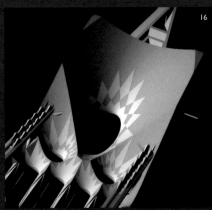

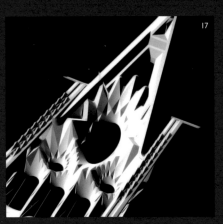

8 Verschneidung benachbarter Rotationshyperboloide: handgezeichneter Schnitt für ein Fenster des Seitenschiffs (1979).

9 Detail des Aufrisses zu Figur 8 (1979).

10 Alternative Lösung für die Darstellung in Figur 8 durch die Verwendung anderer mathematischer Variablen (1979).

11 Das erste Computermodell für das technische Büro der Sagrada Família: Versuch der Verschneidung eines hyperbolischen Paraboloids mit einem Rotationshyperboloid (AutoCAD™ 1989).

12 Die erste erfolgreiche computergestützte Verschneidung von Regelflächen mit einem Entwurfsprogramm aus der Luftfahrt (CADDS4x™ 1991).

13 Eine Serie von booleschen Verknüpfungen, die zum endgültigen Entwurf des Rosenfensters der Passionsfassade führen (Rhino3D™ 2000).

14 Auskopplung von räumlichen Daten für den Steinmetz in Form von Vorlagen in natürlicher Größe (AutoCAD™ 2000).

15 Boolesche Verknüpfungen der primären Rotationshyperboloide für den Entwurf der Obergadenfenster des Langhauses und des Queschiffs. (CADDS5™ 1994).

16 Figur 15 mit den einbehaltenen Flächen (begrenzt durch die geradlinigen Erzeugenden) in Grau dargestellt.

17 Figur 15, Ausformung durch eingeschnittene Pyramiden, deren Basis mit den Erzeugenden aus Figur 16 übereinstimmt.

letzten zwölf Jahre seines Lebens vor Augen. Zudem konnten nach dem Bürgerkrieg eine Vielzahl von Gipsmodellfragmenten im Maßstab 1:25 und 1:10 aus den Trümmern seines ehemaligen Ateliers gerettet werden. Diese lieferten genügend Belege für seinen Einsatz dieser Geometrie. Das Interpretieren dieser Modelle als Grundlage für eine ausgewachsene Gebäudedokumentation stellte sich allerdings mehr als kriminaltechnische Übung heraus denn als Anwendung konventioneller Methodik. Gaudí selbst sah nie an irgendeinem Gebäude ein signifikantes Aufgebot von Regelflächen zum Einsatz kommen (die Ausnahme bildete vielleicht der relativ geradlinige Gebrauch hyperbolischer Paraboloide bei der Kirche der Colònia Güell) und er hatte leider nicht genau genug ausgeführt, wie er sich deren Umsetzung am Gebäude vorstellte. Dies stellt seine Nachfolger vor eine große Herausforderung.

Während seines letzten Lebensjahrzehnts, und vielleicht auch schon etwas früher, stützte sich Gaudís Gestaltungsprozess ausschließlich auf Gipsmodelle großen Maßstabs. Diese ließen sich schrittweise anpassen, bis schließlich eine tragfähige Version gefunden war, die geometrisch ausreichend präzise war, um als Basis für endgültige Bauanleitungen zu dienen. Allerdings erwies sich diese Methode als äußerst zeitintensiv. Als dann 1970 die Arbeiten am Hauptschiff voller Elan begannen, wurde das Zeichnen orthografischer Projektionen als Alternative vorgeschlagen; bis dahin hatten sich alle Bemühungen auf den Bau der Passionsfassade des westlichen Querschiffs gerichtet, einer Abwandlung der östlich gelegenen Weihnachtsfassade. Solange man mit diesem orthografischen Projektionsprozess versuchte, herkömmliche architektonische Repräsentationen nachzuahmen, waren die Ergebnisse jedoch schwer zu fassen. Dies änderte sich aber, als man das Ganze geografisch zu verstehen versuchte. Hier handelte es sich um die Einbeziehung von Kartografie, überlagert von Mathematik und Algebra, diversen Kreuzungen („Grate") zwischen benachbarten Oberflächen („Hügel und Täler") und den sehr wichtigen Dreifachpunkten, die entstehen, wenn sich Kreuzungen erneut kreuzen („Kronen"). Dank dieser Auffassung gab es nun eine zwar zeitaufwendige,

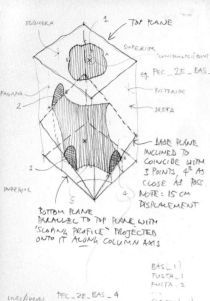

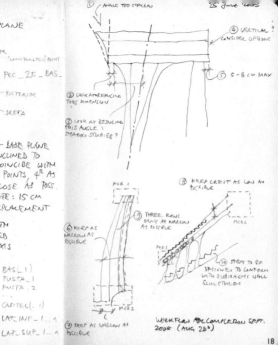

18

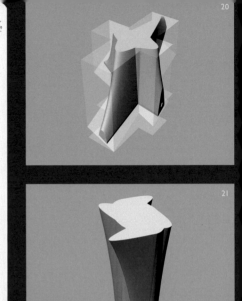

20

21

8 Die Skizze bleibt stets die Lingua franca für jeglichen asynchronen Informationsfluss zwischen den verschiedenen Mitarbeitern.

9 Das großmaßstäbliche Modell (in diesem Fall im Maßstab 1:10 als „Rapid Prototype"- 3-D-Gipsausdruck) ist das effektivste Hilfsmittel zur Verständigung zwischen Entwerfer und Steinmetz (Narthex der Passionsfassade, 2006).

10 Die Verwendung von Entwurfsprogrammen minimiert den Verschnitt durch das „Entwerfen" der rohen Blöcke, aus denen jedes einzelne

21 Fertige „Virtual Reality (VR)"- Simulation eines einzelnen Steinelements (Narthex der Passionsfassade, CATIA™, 2005).

22 „Rapid Prototype" als 3-D-Ausdruck in Wachs von einem Teils des Mauerwerks als Vorlage zur Diskussion für die Entwurfsentwicklung. (Rosenfenster der Passionsfassade).

19

22

23

23 Eine 1:1-Probe des in Figur 21 dargestellten Elements aus Granit, um die optimale Oberflächenbehandlung auszuwählen (hergestellt von dem Bildhauer Jordi Barbany unter Verwendung seiner computergesteuerten 7-Achs-Steinsäge).

24 Der Chefarchitekt und Direktor Jordi Bonet begleitet die Montage eines provisorischen 1:25-Modells, das aus einer Kombination von handgefertigten Teilen und „Rapid Prototype"- 3-D-Ausdrucken besteht (Narthex der Passionsfassade , 2006).

24

aber dafür praktische Methodologie, um den Gipsmodellen die in ihnen verborgenen Geheimnisse zu entlocken. Obschon das Berechnen wesentlich schneller vonstattenging als das Anfertigen von Modellen, dauerte es immer noch monatelang, um zu einem Ergebnis zu gelangen, das dann nicht einmal unbedingt in einem akzeptablem Rahmen lag, wenn man es mit dem Original verglich. Als dann das digitale Zeitalter anbrach, kümmerte sich das technische Büro der Sagrada Família natürlich schnell um eine neue Lagebeurteilung der Möglichkeiten.

Das erste digitale Modell wurde 1989 an der Architekturabteilung der Victoria-Universität von Wellington erstellt. Schnell wurde deutlich, dass herkömmliche Architektursoftware völlig ungeeignet war, um die Fragen der Geometrien Gaudís zu lösen. Daher haben wir seither von Designsoftware aus der Luftfahrttechnik profitiert, und zwar immer an „vorderster Front" bei der Soft- und Hardwareentwicklung. Das frühzeitige Erkennen des Potenzials digitaler Modelle bedeutete natürlich, dass das Sagrada-Família-Projekt eines der ersten weltweit war, bei dem man mit Rapid Prototyping experimentierte. Heute hängt der Entwurfsprozess von beidem ab: vom Gipsmodell, der Zeichnung, aber genauso vom virtuellen Modell und dem dreidimensional gedruckten Rapid Prototype. Es gibt niemanden im Team, der einer von beiden Methoden den Vorzug geben würde: Die Schnelligkeit und Genauigkeit der digitalen Technik werden hochgeschätzt, dies geht aber niemals auf Kosten einer reflexiven Praxis. Die Skizze dominiert natürlich als der effektivste Vermittler zwischen verschiedenen Mitarbeitern, die die Aufgabe haben, Gaudís Intentionen zu verstehen und etwas daraus zu machen.

Mark Burry
Professor für Innovation, Federation Fellow des
Australian Research Council – RMIT University,
an der Sagrada Família als Architekt Leitung
der Entwursforschung für die Fertigstellung der
Passionsfassade und des Übergangsbereichs von
Langhaus, Querhaus und Vierung mit den zentralen
Türmen. Reial Acadèmia Catalana de Belles Arts de
Sant Jordi: Ehrenmitglied

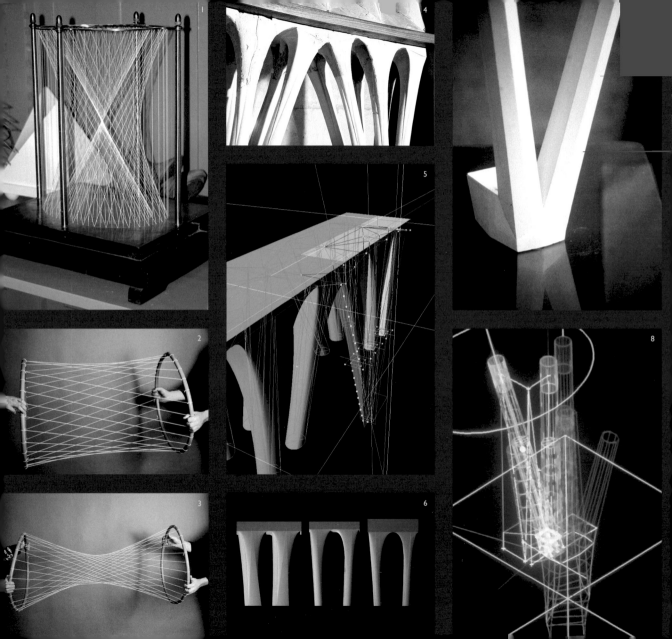

GAUDÍ UND DAS PARAMETRISCHE ENTWERFEN

MARK BURRY

1 Mathematisches Modell in der Budapester Schule für Architektur, Ungarn - das Modell zeigt die parametrischen Extreme des Rotationshyperboloiden: ein Zylinder und zwei Kegel.

2 Rotationshyperboloid aus einem Zylinder abgeleitet.

3 Figur 2 im Übergang in Richtung des zwei Kegel-Extrems durch das Drehen eines Kreises (Mantellinie) im Verhältnis zum anderen.

4 Gaudís noch erhaltenes 1:10-Modell des Triforiums des Obergadenfensters, das ausschließlich aus hyperbolischen Paraboloiden gebildet wird.

5 Das erste Entwurfsmodell, das technisch ausgereifte parametrische Software verwendet: das Triforium wie in Figur 4 gezeigt (CADDS5™, 1994).

6 Flexibles Modellieren mit Hilfe von parametrischer Entwurfs-Software: Drei Variationen für das Triforium (CADDS5™, 1994).

7 Gaudís Entwurf für die aufzweigende Säule des Fensters des Seitenschiffs als 1:25-Maßstabsmodell: Die komplizierten Verschneidungen vieler Regelflächen bedürfen gleichmäßiger Übergänge.

8 Der erste erfolgreiche Tauglichkeitstest für den Gebrauch von parametrischer Entwurfs-Software bei der „Suche" nach den optimalen Verschneidungen, im Vergleich zu manuellen Methoden (CADDS5™, 1992).

Beim sogenannten parametrischen Modellieren handelt es sich um einen Fachterminus für etwas, das möglicherweise treffender als „flexibles Modellieren" beschrieben werden kann. Das heutzutage meist in digitaler Form vorzufindende flexible Modell ist ein 3-D-Modell, das ohne weiteres in eine andere Topografie übertragen werden kann, und zwar unter Beibehaltung seiner Topologie. Anders ausgedrückt: Wenn der Designer irgendetwas an dem Modell verändert, indem er ein oder mehrere Modellparameter, wie „Höhe" oder „Breite" oder eine andere Kombination davon ändert, passt sich die Form des Modells entsprechend automatisch an. Gaudís Hängemodell für die Colònia-Güell-Kirche ist das Hauptindiz dafür, dass Gaudís flexibles Modell in seiner gebauten Welt vielleicht die denkbar beste Erweiterung seiner konzeptuellen Welt war.

Ein aus kleinen Feinschrotpäckchen, die mittels einer feinen Schnur untereinander verankert sind, bestehendes Modell ist eine Sache; ein Gipsmodell oder eine Zeichnung sind etwas ganz anderes. In der Tat handelt es sich bei diesen Beispielen seiner zwei- und dreidimensionalen Designentwürfe um langsame Prozesse – das Hängemodell hat sich in den acht Jahren, in denen Gaudí sich damit schrittweise an seinen endgültigen Entwurf für die Kapelle herantastete, zweifellos bezahlt gemacht. Ein Gipsmodell hingegen ist mehr oder weniger endgültig, ist der Gips erst einmal ausgehärtet. Und selbst eine Bleistiftzeichnung besitzt nur begrenzte Flexibilität – man muss radieren und wieder neu zeichnen, ein Ablauf, an den wir uns bereits gewöhnt haben. Für sich genommen stellt das Radieren kaum einen positiven Beitrag zum Designprozess dar, der gewöhnlich eher voran- als zurückschreiten muss, um ein optimales Ergebnis zu gewährleisten.

Die Einführung des digitalen, flexiblen Modellierens Anfang der 1990er Jahre hätte ein Geschenk Gottes für die Architekten sein können, wären damals nicht die hohen Kosten gewesen – teilweise ein zehnfacher Aufschlag gegenüber der üblichen Methode. Erst in den letzten Jahren ist solche Software

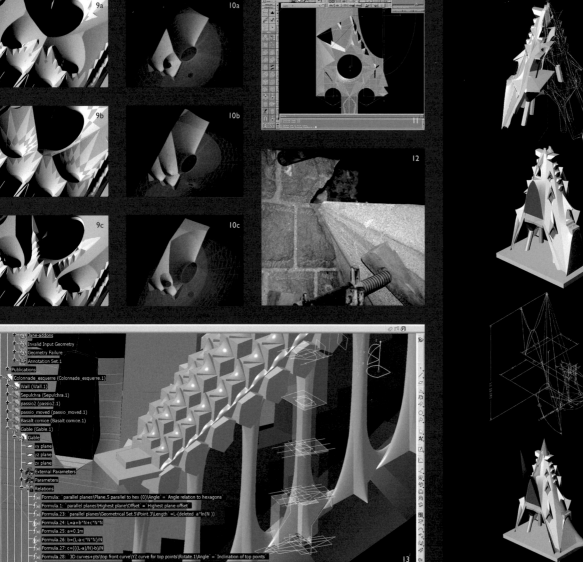

9a

9b

9c

10a

10b

10c

11

12

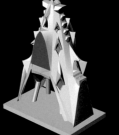

14a

14b

14c

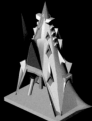

14d

13

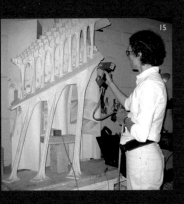

9 a–c
Ermitteln des richtigen Wertebereichs für die primären Rotationshyperboloide (in Farbe), um Gaudís durch Einmessung erhaltenen 1:10-Modellfragmenten für das Obergadenfenster des Kirchenschiffs zu entsprechen (CADDS5™, 1995).

10 a–c
Parametrisches Modell mit Darstellung des Effekts bei Veränderung der Parameter in der booleschen Substraktion von Körpern: Kleine Variationen können einen großen Unterschied machen (CADDS5™, 1995).

11 „Jagen" nach angemessenen geometrischen Parametern für das Rosenfenster der Passionsfassade (CADDS5™, 2000).

12 Einer der schwer zu fassenden Punkte von Figur 11: Sobald die physischen Daten bekannt sind, kann das flexible parametrische Entwurfsmodell abgestimmt werden bis es passt (CADDS5™, 2000).

13 Parametrisches Entwurfsmodell des Narthex der Passionsfassade, das verwendet wird, um die optimale Aufteilung in Steinblöcke zu ermitteln (CATIA, 2007). Das parametrische Modell wurde aus der erhaltenen Fotografie einer Zeichnung Gaudís abgeleitet.

14 a–d
Das noch erhaltene 1:25-Maßstabsmodell des Langhausdaches wurde erst digital aufgemessen, bevor es mit digitalen Mitteln neu aufgebaut und parametrisch angepasst wurde, um so die optimalen Werte für die einzelnen hyperbolischen Paraboloide zu ermitteln (CADDS5™, 1997).

15 Provisorisches 1:25-Gipsmodell während der Vermessung mit einem Laserscanner, der eine „Punktwolke" produziert.

erschwinglicher. Wenn man sich den Parametersatz für Gaudís Modelle betrachtet, fällt auf, dass jeder Rotationshyperboloid beispielsweise neun separate Parameter aufweist, die seine Beziehung zu seinen Nachbarn beeinflussen, es handelt sich also um ein zahlenbasiertes Merkmal, welches sich in hervorragender Weise für den Einsatz solcher digitalen Hilfsmittel eignet. Dies ist auch der Grund dafür, dass die Sagrada Família seit 1991 von der Großzügigkeit mehrerer Softwarehersteller profitieren konnte, die als Sponsoren bei der Evaluierung der Softwareversionen im Architekturkontext auftraten und dieses Projekt damit zu einem der ersten machten, bei denen das sogenannte parametrische Design angewandt wurde.

Beim Ersteinsatz lag der Hauptvorteil der Software in der Zeitersparnis bei der Rekonstruktion der Gesamttragwerke der erhalten gebliebenen Fragmente von Gaudís Modellen. Es wurde jedoch schnell ersichtlich, dass solche Software, falls sie richtig angewendet wird, ein signifikantes Potenzial bei der Unterstützung des Designprozesses besitzt; bei weitsichtiger Planung kann viel Radieren verhindert und der Entwurfsprozess dadurch beschleunigt werden. Und dies erlaubt dem Designer, sich schneller und eingehender auf das gewünschte Ergebnis zu konzentrieren, als es sonst möglich wäre. Die heute vor Ort und von den kooperierenden Universitätsforschungsteams eingesetzten Produkte werden über die gesamte Skala ihres Potenzials genutzt. Dadurch wird das Design auf allen Ebenen deutlich bereichert. Abgesehen von den Möglichkeiten, iterativ zu experimentieren, das Design zurückzuverfolgen oder relativ leicht die Richtung zu ändern, erlaubt das flexible Modellieren auch das bequeme Zusammensetzen von „Katalogen von Teilen". Solche Kataloge bestehen aus einer Reihe von Varianten, von denen jede einzelne sich nur geringfügig von ihrem Nachbarn unterscheidet. Beim Einsatz herkömmlicher Software bedarf eine relativ minimale Änderung bereits der Anfertigung eines separaten Modells oder einer Zeichnung, während beim flexiblen Modell Typen automatisch von der Software erzeugt werden.

Wenn man auf ein und derselben Seite über Gaudís Werk und über Software schreibt, riskiert man, all jene vor den Kopf zu stoßen, die vor einer solchen implizierten Verbindung zurückschrecken, nämlich jene, die fordern, dass Gaudís großartiges Schaffen nicht durch die derbe Referenz zur Kälte des Mechanischen und Digitalen beschmutzt werden dürfe. Dies kann an dieser Stelle aber kein Thema sein – vielleicht ist Gaudís Hängemodell ein haptischeres Analogon als die digitalen Modelle von heute, aber die Ergebnisse für den Designer sind gleich. Schließlich gibt es eine Fülle von Beweisen dafür, dass Gaudí permanent parametrisch dachte, und zwar besonders während seiner letzten Lebensjahre. Wir brauchen uns nur einmal seine Pläne für die Sagrada Família im Detail anzuschauen. Der Plan zeigt, dass die Weihnachtsfassade auf einem Rundturm basiert. Der Plan der Passionsfassade beruht auf einem elliptischen Turm, dessen Nebenachse denselben Durchmesser aufweist wie die Türme der Weihnachtsfassade. Die Fassade der Herrlichkeit verfügt über einen Rundturm mit einem Durchmesser, der mit dem der Hauptachse der Passionsfassade identisch ist. Die Türme der Fassade der Herrlichkeit sind höher als die der ursprünglichen Weihnachtsfassade. Und wie vielen Beobachtern fällt überhaupt auf, dass Gaudí ein Turmpaar der Weihnachtsfassade näher zusammengestellt hat als das auf der anderen Seite?

Mark Burry
Professor für Innovation, Federation Fellow des Australian Research Council – RMIT University, an der Sagrada Família als Architekt Leitung der Entwursforschung für die Fertigstellung der Passionsfassade und des Übergangsbereichs von Langhaus, Querhaus und Vierung mit den zentralen Türmen. Reial Acàdemia Catalana de Belles Arts de Sant Jordi: Ehrenmitglied

DIE GEGENLÄUFIG GEDREHTE SÄULE

JORDI FAULÍ I OLLER

Im Jahr 1929 beschrieb der Architekt Puig Boada das Tragwerk der Kirchenschiffe in der Sagrada Família folgendermaßen:

„Die äußere Schicht des Steinmaterials überträgt ihr Gewicht über ein System von geneigten Säulen, die dann das Gewicht der inneren Kuppeln der Kathedrale aufnehmen. Im oberen Teil des Hauptschiffs verbinden sich jeweils zwei dieser Säulen. Weiter unten wird an einer Abzweigung eine weitere geneigte Säule aufgenommen, die das Gewicht der hohen Fenster trägt, die Spannung der anderen vier tragenden Säulen des Seitenschiffs aufnimmt und den Boden umgewandelt in eine stabile, einzelne Säule erreicht."

Gaudís Tragwerk für die Kirchenschiffe, das hier von einem seiner Schüler beschrieben wird, basiert zum ersten Mal in der Geschichte auf einer Baumstruktur. Eine räumliche Konstruktion, die auf der Unterteilung einer Säule auf verschiedenen Ebenen in mindestens zwei Säulen beruht, die unabhängig voneinander so eine große Dachfläche tragen können.

Um diesem Tragwerk und seiner Ähnlichkeit mit pflanzlichen Formen Ausdruck zu verleihen, strebte Gaudí eine Verbindung zwischen den verschiedenen Ebenen der Säulen und dem Gewölbe an. Dafür benutzte er keine Anschlusslösungen, sondern die Verbindung der Kanten und Oberflächen.

In seinen ersten Entwürfen für das Kirchenschiff stellte Gaudí diese Verbindung zwischen Säulen und Gewölben durch parabolische Formen und Spiralsäulen dar. Doch er erreichte sein Ziel erst, als er die gegenläufig gedrehte Doppelspirale entwarf und Hyperboloiden für die Oberlichter der Gewölbe verwandte.

Definition der gegenläufig gedrehten Doppelspirale

Die gegenläufig gedrehte Doppelspirale ist eine in sich leicht konisch geformte Säule mit Kanneluren. Nach oben aufstrebend, reduziert sich zunehmend der reliefartige Ausdruck der Kanten, während sich gleichzeitig die Zahl der Grate oder Kanneluren vervielfacht. Auf diese Weise wird die Basis (ein regelmäßiges oder sternförmiges Polygon oder ein

Polygon in Form einer Raute) im oberen Abschnitt in ein regelmäßiges, fast kreisrundes Polygon umgewandelt.

Die Säule ist das gemeinsame Volumen der Überschneidung von zwei Spindel- oder Spiralsäulen, mit einer Basis aus regelmäßigen oder sternförmigen Polygonen oder aus einer Ansammlung von konzentrischen Polygonen, die sich um dieselbe Achse drehen, und zwar mit gleicher Geschwindigkeit, jedoch in entgegengesetzter Drehrichtung. Wenn die Säule ansteigt, so erscheinen in der Mitte der Seiten neue vorspringende Grate. Die Grate tendieren dazu, sich selbst auszugleichen, und der horizontale Schnitt wird in ein regelmäßiges Polygon mit der doppelten Anzahl von Seiten gegenüber dem Basispolygon umgewandelt (erste Phase der Rotation). Wenn der Schnitt durch die Säule ein regelmäßiges Polygon wird, setzt sich die Säule mit der Verschneidung der beiden Spiral- oder Schraubensäulen fort, die von diesem Polygon generiert werden. Der Durchmesser der Scheitelpunkte wird hierbei weiter reduziert, die Zahl der Anstiege verdoppelt, bis die Säule in das neue Polygon mit doppelt so vielen Seiten umgewandelt ist (zweite Phase der Rotation). Der Prozess kann ein- oder zweimal wiederholt werden. Geschieht dies unendlich oft, entsteht ein Kreis.

Mit der von Gaudí geschaffenen Idee des Typs der doppelt gedrehten Säule wird bei den oberen Säulen der Kirchenschiffe die quadratische Basis der Säule in ein Oktagon umgewandelt (erste Phase der Rotation), weiter oben in ein Polygon mit 16 Seiten (zweite Phase der Rotation) und an der Spitze der Säulen wird dieser letzte Säulenabschnitt zu einem Polygon mit 32 Seiten (dritte Phase der Rotation). Die Knickpunkte nehmen im Durchmesser ab und die Anzahl der Seiten nimmt zu. Auch wird bei einer Säule auf der gleichen Ebene das Pentagon der Basis zu einem Dekagon, welches dann zu einem Polygon mit 20 Seiten wird und ganz an der Spitze zu einem Polygon mit 40 Seiten. Wenn die beiden Säulen ein fast kreisrundes Polygon im allerhöchsten Teil bilden, dann verbinden sie sich perfekt mit dem Kreis am Hals des massiven Hyperboloiden, der die Säule öffnet, denn dieser fungiert als Stütze für das Gewölbe.

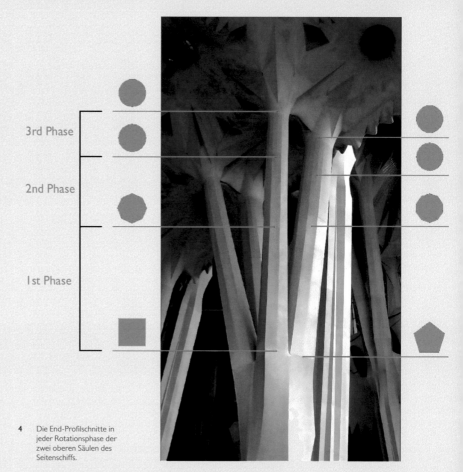

4 Die End-Profilschnitte in jeder Rotationsphase der zwei oberen Säulen des Seitenschiffs.

Mit diesem Erzeugungssystem wird jede der Säulen, ganz gleich, welche Form ihre Basis hat, in ihrem obersten Teil zu einem fast kreisrunden Polygon. Daher ist im ersten Ast der unterstützenden Säulenverzweigung im Mittelschiff die Basis für die Säule, die ganz oben platziert ist, ein sternförmiges Oktagon. Weiter unten wird es ein regelmäßiges sternförmiges Polygon mit 16 Scheitelpunkten, dann ganz unten eines mit 32 Scheitelpunkten. Die beiden höchsten Säulen beginnen mit einem Quadrat und enden mit einem Polygon, das sich am stärksten dem Kreis annähert.

Die Hauptsäulen (die unteren Säulen im Kirchenschiff)

Die Basis der vier Hauptsäulen bildet ebenfalls ein regelmäßiges sternförmiges Polygon, deren Scheitelpunkte von miteinander verbundenen, konvexen und konkaven Parabeln umgeben sind. Bei der Säule im Mittelschiff ist die Basis ein sternförmiges Oktagon. In den ersten acht Metern der Säule verschwinden die konvexen Parabeln, während sich die Zahl der konkaven Parabeln und der vorspringenden Grate verdoppelt (16, erste Phase der Rotation). In dem zweiten Abschnitt der Säule kommen neue Grate aus dem Zentrum der

Parabeln und die Zahl der Grate wird verdoppelt (32, zweite Phase der Rotation), ein Vorgang, der noch einmal wiederholt wird, bis 64 regelmäßige Grate entstehen (dritte Phase der Rotation).

Für die vier Hauptsäulen, von denen die unteren ein parabolisches sternförmiges Polygon als Basis haben, gelang es dem Architekten Jordi Bonet durch die Untersuchung von Gaudís Originalmodellen der Säulen im Mittelschiff, die folgende Höhe und Schlankheit zu bestimmen:

Säule	Basis Polygon	Ende der ersten Rotation		Ende der zweiten Rotation		Ende der dritten Rotation	
		Höhe	Abschnitt	Höhe	Abschnitt	Höhe	Abschnitt
	Anzahl der Grate	N (Meter)	Nx2 Grate	(N+N/2) (m)	Nx4 Grate	(N+N/2+N/4) (m)	Nx8 Grate
Säule des Seitenschiffs	6 (Stern-Sechseck)						
Säule des Mittelschiffs	8 (Stern-Achteck)	8	16	12	32	14	64
Säule des Querschiffs	10 (Stern-Zehneck)	10	20	15	40	17.5	80
Mittelsäule der Vierung	12 (Stern-Zwölfeck)	12	24	18	48	21	92

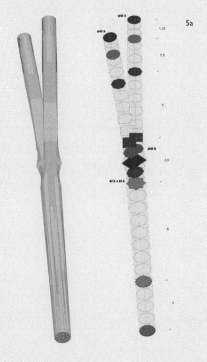

5 a & b
Die Transformation einer Säule mit Sternprofil in zwei Teile mit quadratischer Basis.

6 Die gegenläufig gedrehte Säule wandelt jedes Basis-Profil in einen Kreis um. Original Gipsmodell.

Proportionen und Schlankheit

Jede Phase der Rotation zwischen den regelmäßigen Polygonen hat die halbe Höhe der vorhergehenden. Bei den drei Rotationen der Säulen, die wir bisher betrachtet haben, ist die Gesamthöhe der verschiedenen Rotationen wie folgt: Die Schlankheitsverhältniszahl, die den minimalen Durchmesser der Basis zur Höhe ins Verhältnis setzt, beträgt in allen vier Fällen 10.

Säule	Minimaler Ø der Basis	Höhe	Schlankheitsverhältniszahl
Säule des Seitenschiffs	105 Zentimeter	10,5 Meter	10
Säule des Mittelschiffs	140 Zentimeter	14 Meter	10
Äußere Säulen des Vierungsgewölbes	175 Zentimeter	17,5 Meter	10
Hauptsäulen des Vierungsgewölbes	210 Zentimeter	21 Meter	10

Die Säulen der verschiedenen Ebenen haben ebenfalls eine Schlankheitsverhältniszahl von 10 oder weichen leicht davon ab, da sie sich dem Raum, den sie einnehmen, jeweils in Abhängigkeit ihrer strukturellen Funktion anpassen müssen.

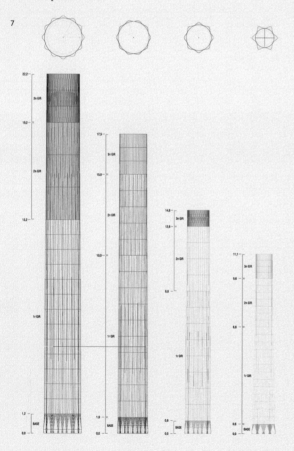

7   Die vier Basishöhen der Säulen des Lang- und Querhauses.

8   Säule mit quadratischer Basis.

9   Die untere Säule des Mittelschiffs.

10   Die Säule der Vierung von oben betrachtet.

Die Säulenverzweigung

Die Verzweigungen oder Gruppierungen der Säulen werden ebenfalls entsprechend dem System der doppelten spiralförmigen Drehung gebildet, mit dem Ergebniss, dass ein kontinuierlicher Übergang zwischen den oberen und unteren Säulen entsteht. Sie sind im Allgemeinen umgekehrt platzierte Säulen mit dem Kreis am unteren Ende. Der obere Abschnitt, mit dem die Spiralrotationen beginnen, hängt von der Zahl und dem Typus der Säulen ab, die von hier ihren Ausgang nehmen, denn es handelt sich um eine Verbundstruktur der Polygone aus den unteren Abschnitten dieser Säulen. Wenn die Säule herabsteigt, wird dieser Abschnitt dank der doppelten Rotation zu einem regelmäßigen Polygon, welches durch die erneute doppelte Rotation in ein nahezu kreisförmiges Polygon umgeformt wird. Die vier Säulen der Zweige der verschiedenen Bäume sind:

12a

Baumstruktur	Oberer Abschnitt	Erstes Regel-Polygon	Zweites Regel-Polygon	Anzahl der Seiten des dritten Regel-Polygons	Anzahl der Seiten des vierten Regel-Polygons
Seitenschiff	Rechteck (eine Säule mit quadratischer Basis an jedem Scheitelpunkt)	Rechteck (4)	Oktagon (8)	16	32
Mittelschiff	Verbund aus zwei Quadraten und zwei Fünfecken	Fünfeck (5)	Dekagon (10)	20	40
Zentrum des Querschiffs	Zwei Sechsecke	Quadrat(4)	Oktagon (8)	16	32
Apsis	Verbund aus zwei Fünfecken und einem Quadrat	Gleichseitiges Dreieck(3)	Sechseck (6)	12	32

Gaudí benutzte Gipsmodelle, um die Säulen des Seitenschiffs und des Mittelschiffs zu entwerfen. Die Säulen des Querschiffs und der Apsis wurden entsprechend dem allgemeinen Entwurf und den geometrischen und kompositorischen Prinzipien der ersten Säulen entworfen.

11 Gesamtansicht des Gewölbes mit den tragenden Säulen.

12 a & b
Verzweigung der unteren Säulen des Mittelschiffs.

13 a & b
Verzweigung der oberen Säulen des Hauptschiffs.

14 a & b
Verzweigung der Säulen des Querschiffs.

15 a & b
Verzweigung der Säulen der Apsis.

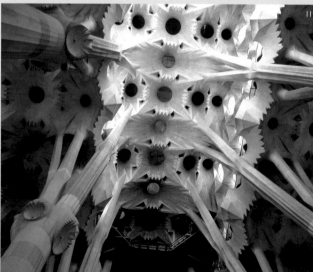

11

12b

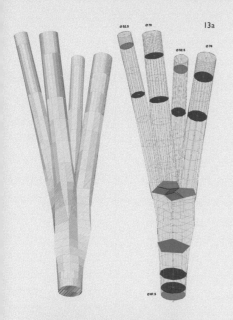

13a

14a

15a

13b

14b

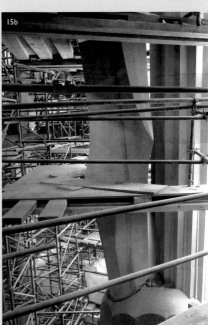

15b

„Knotenpunkte" im oberen Bereich der unteren Säulen

Für den oberen Abschnitt der unteren Säulen entwarf Gaudí Gipsmodelle der strukturellen „Knotenpunkte" in Form von Ellipsoiden, um die Säulen in zwei Zweige aufzuteilen und der strukturellen Funktion des Baumknoten zu entsprechen.

Bei den Knotenpunkten im Mittelschiff sind drei Ellipsoiden in einen Hauptelipsoiden eingeschlossen, die in Zukunft von elipsoid geformten Leuchten aus farbigen Kirchenglas umschlossen werden sollen.

Die Bäume im Mittelschiff und im Querhaus

Die Bäume im Mittelschiff und im Querhaus, die aus den oben erklärten Säulen gebildet werden, sind im Folgenden beschrieben. Der Baum aus dem Mittelschiff entspricht dem originalen Gipsmodell im Maßstab 1:10, während der Baum im Querhaus neuen Säulen entspricht, die entsprechend dem Vorbild der ersten Säulen entworfen wurden, in Übereinstimmung mit dem Längsschnitt von Gaudí und den strukturellen Notwendigkeiten, die sich aus ihrer Funktion als Auflager für die Türme des Querhauses und der Vierung mit 125 und 170 Metern Höhe ergeben.

Der Baum im Mittelschiff

Der Baum des Mittelschiffs beginnt mit der unteren Säule mit acht Kanten oder Elementen, die sich oberhalb des Knotenpunkts in zwei Zweige unterteilt. Einer dieser Zweige dient der Aufnahme der 30 Meter hohen Gewölbe des Seitenschiffs und deren oberen Decken, der zweite der Aufnahme der 45 Meter hohen Gewölbe des Mittelschiffs, der oberen Decken und des Daches. Der Zweig, der das Seitenschiff stützt, ist in vier Säulen unterteilt. Zwei davon haben eine fünfeckige Basis und nehmen die Last der Fenster des Mittelschiff auf, die beiden anderen sind mit einer quadratischen Basis versehen und tragen die Gewölbe und die Deckenflächen. Der Zweig für das Mittelschiffs gabelt sich in einer Höhe von 30 Metern in zwei Zweige mit quadratischer Basis, um die Gewölbe des Mittelschiffs zu stützen.

Der Baum an der Vierung

Der Baum an der Vierung beginnt mit der unteren Säule von zwölf Kanten oder Graten, die sich oberhalb des Verzweigungsknotens in zwei Äste teilt, einer, der zu den 45 Meter hohen Gewölben geht und die Türme der Evangelisten trägt, der andere Zweig stützt die Gewölbe der Vierung in einer Höhe von 60 Metern und ebenso den zentralen Turm. Der erste Zweig ist in zwei Säulen mit jeweils einer sechseckigen Basis gegabelt.

Der zur Vierung gehende Ast ist in einer Höhe von 45 Metern in vier Zweige mit einer quadratischen Basis geteilt, die die Gewölbe tragen.

Durch die doppelte Drehung wird die Säule, die diese Unterteilung ermöglicht, in ein regelmäßiges sternförmiges Oktagon mit vier Quadraten umgewandelt, nachdem die Säule zunächst achteckige und quadratische Formen durchlaufen hat. Die Durchmesser und Höhen der Säulen entsprechen einem Schlankheitsverhältnis von 1:10.

	Durchmesser (m)	Höhe (m)
Untere Säule	2,10	21
Säule auf der zweiten Ebene	1,40	14
Säule auf der dritten Ebene	1,05	10,5

Das System der gegenläufig gedrehten Doppelspirale gibt der Säule sowohl Bewegtheit als auch eine große Stabilität und erlaubt eine Verbindung mit der selben Kontinuität, wie sie zwischen Stamm und Ästen oder einer Handfläche und den Fingern zu finden ist.

Jordi Faulí i Oller
Architekt, stellvertretender Direktor der Bauarbeiten an der Sagrada Família.

Literatur:

Jordi Bonet. L'últim Gaudí–El último Gaudí–The Essential Gaudí. Editorial Pòrtic, Barcelona 2000

Josep Gómez, Jordi Coll, Juan C. Melero and Mark Burry La Sagrada Família. De Gaudí al Cad. Edicions UPC. Barcelona, 1996

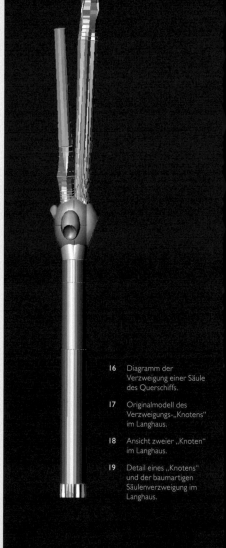

16

16 Diagramm der Verzweigung einer Säule des Querschiffs.

17 Originalmodell des Verzweigungs-„Knotens" im Langhaus.

18 Ansicht zweier „Knoten" im Langhaus.

19 Detail eines „Knotens" und der baumartigen Säulenverzweigung im Langhaus.

Als Gaudí zum Architekten der Sagrada Família ernannt wurde, war der Bau der Krypta unter der Apsis schon im Gange und der Ansatz des ursprünglichen Architekten für die damals noch bescheidene Pfarrkirche entsprach deutlich den neo-gotischen Vorlieben der Zeit. Angesichts der Tatsache, dass Gaudí erst fünf Jahre zuvor sein Architekturstudium abgeschlossen hatte, schien es trotz der ihn als eher einzelgängerischen Architekten auszeichnenden Unabhängigkeit unwahrscheinlich, dass er sich der ursprünglichen Festlegung widersetzen würde. Das Projekt blieb auch bis zu seinem Tod 43 Jahre später dezidiert „gotisch", doch die Frage, was „gotisch" in dieser Hinsicht für Gaudí bedeutete, ist alles andere als einfach. In mehreren, insbesondere dem späten Gaudí zugeschriebenen und von seinen „Schülern" getreulich aufgezeichneten Aphorismen geht es um die Begeisterung, von der er in Erfüllung seiner Mission in dieser Frage durchdrungen war: Er wollte offensichtlich an die Erfolge der Bewegung anknüpfen und zugleich über sie hinausgehen. Diese

machte er vor allem an der baulichen Lösung des Spitzbogens fest, während er ebenso die Fehler der Gotik in Bezug auf konstruktive Elemente vermeiden wollte wie die Abhängigkeit von großen und tiefen Quer- und Strebebögen. Gaudí konnte von seinen vielen weitreichenden Experimenten bei der Colònia-Güell-Kirche profitieren, insbesondere in Bezug auf das konstruktive Gleichgewicht und den Einsatz von geometrischen Regelflächen, und dadurch – wie nicht zuletzt durch die völlige Eliminierung von Quer- und Strebebögen – viele dieser gotischen Unzulänglichkeiten beheben. Damit vermied er die für gotische Kircheninnenräume typische Düsternis. Durch statische Analysen und die Neigung aller Stützen zur besseren Aufnahme axialer Kräfte brachte er den Bau ins Gleichgewicht. Durch die Verzweigung der Säulen steigerte er ihre Effizienz enorm und verringerte zugleich ihre Masse und durch geschickte innere Lastverteilung leitete er die lateralen Kräfte über die Choremporen ab.

„Als er die Sagrada Família baute und andere Kirchen studierte, stand er der Gotik

sehr kritisch gegenüber, einem Stil, auf den die Literaten und die Ingenieure seiner Jugend solche Loblieder gesungen hatten. Über die Gotik sagte er, sie sei ein unvollendeter, noch ungelöster Stil: industriell, ein rein mechanisches System; ihre Ornamentik sei immer künstlich und könne beseitigt werden, ohne dass eine besondere Qualität verloren ginge. Er sagte immer sarkastisch, dass gotische Architektur am besten als Ruine und im Mondlicht funktioniere. Denjenigen, die seiner Kritik mit Aussagen wie „aber Sie bauen doch die Sagrada Família im gotischen Stil" begegneten, antwortete er: „Nein, verehrter Herr. Die Sagrada Família ist griechisch." Diese scheinbar paradoxe Aussage hat einen wahren Kern: Die Sagrada Família ist mehr dem Anschein nach gotisch als es wirklich der Fall ist, denn baulich geht sie darüber hinaus und in der Verteilung der Massen und der Auffassung der Details entsprach die Kirche nie der konventionellen Gotik. Der ursprüngliche

Entwurf war gotisch mit barocken Elementen – was im Grunde heißt, es handelt sich hier nicht um Gotik."

Doch was hat all das mit einer Beschreibung des Obergadenfensters der Kirche der Sagrada Família zu tun?

Durch die umfassende Austarierung des Bauwerks entfernte Gaudí praktisch alle diejenigen Teile, die dem Tageslicht im Wege hätten stehen können, und garantierte dadurch, dass der Innenraum der Kirche in einem Maße und einer Durchgängigkeit mit natürlichem Licht ausgeleuchtet würde, wie man es in einem Bauwerk dieser Art und Größe nie zuvor gesehen hatte. Nimmt man die strukturierte Gestaltung durch Regelflächen aller äußeren und inneren Flächen hinzu – die dank ihrer „Regel-Lineatur" eine einzigartige Lichtgradation aufweisen –, lässt sich die Originalität von Gaudís Eingriff in einen ansonsten für die damalige Zeit konventionellen Kirchenentwurf unmittelbar erkennen. Die Fenster als architektonische Elemente spielen bei dieser Innovation eine wichtige Rolle und hier ist nicht zuletzt die Rolle der Regelflächen von besonderem Interesse.

Die erste Gesamtansicht von Gaudís Entwurf für das Gebäude wurde 1906 als eine leicht schräge Ansicht von Osten (Weihnachts-Fassade) veröffentlicht. Die Zeichnung wurde unter Gaudís Anleitung von seinem Mitarbeiter Joan Rubió angefertigt. Sie entstand ca. 23 Jahre nach Gaudís Übernahme des Projekts und zeigt deutlich, wie weit er den Bau aus den ursprünglich geplanten, bescheidenen Proportionen einer Pfarrkirche in die Dimension einer Kathedrale übertragen hatte. Die Fenster in Gussmaßwerk sind in der bekannten Weise angeordnet. Die Wichtigkeit dieser Zeichnung ist dadurch belegt, dass mehrere Versionen im Laufe seiner verbleibenden 20 Jahre erschienen, die jeweils nur minimale Veränderungen aufweisen. Wenn wir die Fenster im Kirchenschiff – und insbesondere das höchste, nämlich das Obergadenfenster – in der ersten und der letzten Zeichnung aus dieser 20-jährigen

2

2   Gaudís Entwurfs-Modellierungsprozess: Benachbarte Rotationshyperboloide werden miteinander verschnitten, dann eingeschnitten unter Verwendung der Erzeugenden, die sich auf „Tripelpunkten" schneiden (an denen drei Schnittkurven sich selbst schneiden): Außenseite des Fensters des Seitenschiffs (1982).

3   Von Gaudí ab 1914 gefertigtes 1:25-Maßstabsmodell aus Gips für das Langhaus der Sagrada Família. Zwischen den drei Fensterebenen gibt es eine Entwicklung, in der das Obergadenfenster in der höchsten Reihe das ausgearbeitetste ist. (1914–26, wiederhergestellt nach dem Bürgerkrieg von 1936–39).

3

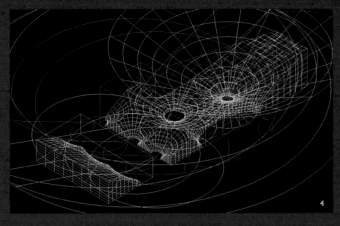

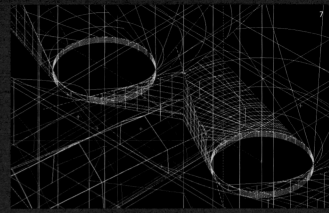

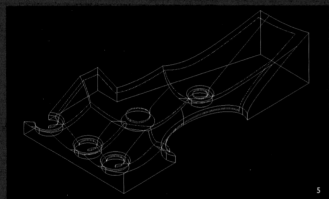

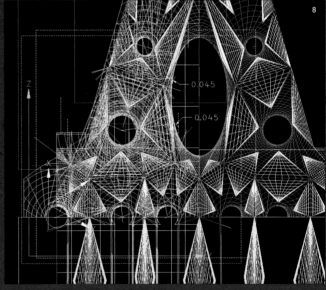

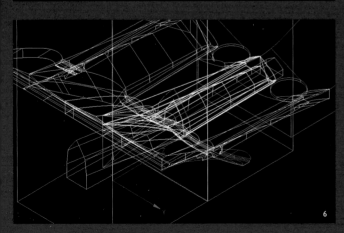

4 Boolesche Subtraktion von Rotationshyperboloiden von einem Basisblock zur schrittweisen Formgebung des Fensters des Seitenschiffs (CADDS4X™, 1991).

5 Mantelbereich der Außenseite des Fensterkörpers des Seitenschiffs zur Produktion von Schalungseinheiten für Teile aus Betonwerkstein (CADDS4X™, 1991).

6 Außenseite des Fensterkörpers des Seitenschiffs: Verbindung Fensterbank und Pfeiler (CADDS4X™, 1991).

7 Mantelbereich der Außenseite des Fensterkörpers des Seitenschiffs zur Produktion von Schalungseinheiten für Teile aus Betonwerkstein: Verbindung Fenstersims und Pfeiler (CADDS4X™, 1991).

8 Anlegen der dekorativen Behandlung in einem zweiten Prozess der digitalen „Skulpturierung" zum Vergleich mit Figur 2: Außenseite des Fensters des Seitenschiffs (CADDS4X™, 1992).

Entwurfsentwicklungsphase vergleichen, liegt der Wechsel vom gotischen Maßwerk zu Regelflächen auf der Hand. Bleibt zum Beispiel die Verteilung der Fensteröffnungen gleich, zeigt sich an den Regelflächen ganz deutlich Gaudís Wechsel in der Behandlung der sie umgebenden Flächen von einer zunächst historistischen Auffassung über die Freiform bis hin zur rationalen Geometrie.

Für Gaudís Übergang zur Verwendung dieser Geometrie für den gesamten Kirchenentwurf gibt es mehrere Gründe. Vor dieser Entscheidung, die seine gesamte spätere Laufbahn bestimmte, war er damit zufrieden gewesen, den Baumeister so anzuleiten, wie ein Bildhauer den Steinmetzen Anweisungen gibt. Die Verwendung von Regelflächen hatte jedoch eine große Auswirkung auf ihre Gestaltung, sowohl im Hinblick auf ihre Effizienz als auch ihre Produktion. Zwei Jahre (zur Zeit der Niederschrift) vor seiner Vervollständigung als umschlossene Einzelform können wir bereits die Effekte des Lichts beobachten, wie es über die kreisförmigen und elliptischen Rotationshyperboloiden, aus denen das Fenster gestaltet ist, „gleitet" (wie Gaudí angeblich selbst den Effekt beschrieben hat).

Das wichtigste Fensterelement – und das letzte, das Gaudí entwarf – ist die Reihe der Obergadenfenster, die entlang des Hauptschiffs, über die Querschiffe und um die Apsis läuft. Dieses Obergadenfenster war tatsächlich das dritte Ergebnis eines Entwurfsprozesses, aus dem zuerst das Seitenschifffenster unter dem Hochchor hervorging und dann das obere Seitenschifffenster darüber, das den Chor beleuchtet. So wie Gaudís gotische Vorgänger aus jedem früheren Schritt gelernt haben, wie sich etwa in den leichten Unterschieden zwischen den benachbarten Jochen des Schiffs zeigt, so können wir aus den Unterschieden in den drei Stadien des Fensterentwurfs schließen, dass in jedes Stadium Erfahrungen aus dem früheren eingingen. Passenderweise ist das Obergadenfenster sicherlich das für das Gesamtgebäude bei weitem prominenteste

Fenster, es stellt eine Spitzenleistung dar. Diese Beobachtung lässt sich durch mehrere Indikatoren belegen. Erstens ist das unterste Fenster eine Anordnung kreisförmiger Rotationshyperboloiden, die alle so angeordnet sind, wie man es bei einem Entwurf eines archetypischen mittelalterlichen Kirchenfensters erwarten würde, mit dem einzigen Unterschied, dass das Maßwerk durch Regelflächen anstatt durch geriffelte Ornamentleisten ersetzt wurde – ein beträchtlicher Unterschied in der Flächengestaltung und weniger in der Komposition. Das Fenster darüber und weiter oben das Obergadenfenster sind sowohl in der Komposition als auch in der Regelflächen-Geometrie unterschiedlich. Der Hauptunterschied bei beiden besteht in der elliptischen Fensterrose, die den Rahmen beherrscht und die größte Lichteinlassfläche bietet. Der auffälligste Unterschied zwischen diesen beiden Fenstern ist die Größe der Fensterrose (die Obergaden sind größer). Darüber hinaus besteht ein Unterschied in der jeweiligen Flächengestaltung der beiden Fenster. Gaudí fand auch eine gelungene Kombination, die mit nur drei verschiedenen Rotationshyperboloiden für die Obergade auskommt, während das Erstere auf vieren basiert. Und bei der Obergade basieren alle Öffnungen mit Ausnahme des Gesimses auf Rotationshyperboloiden, die ein paar Grad horizontal nach oben gekippt sind, was wir sowohl als Geste an die himmlische Macht verstehen als auch als Mittel, das Maximum an Licht in das Zentrum des Gebäudes zu führen. Die Seitenschifffenster sollten mit Buntglas ausgestattet werden, während die höheren Gaden nur klares Glas haben.

Rotationshyperboloide als geometrisches Grundprinzip, ob nun für Steinelemente oder gegossenen Kunststein – und die Obergade besteht aus einer Mischung aus beiden –, sind konstruktiv sehr vorteilhaft, obwohl Architektursoftware zur Zeit ihrer Dokumentation (1992–1995) für den Entwurf

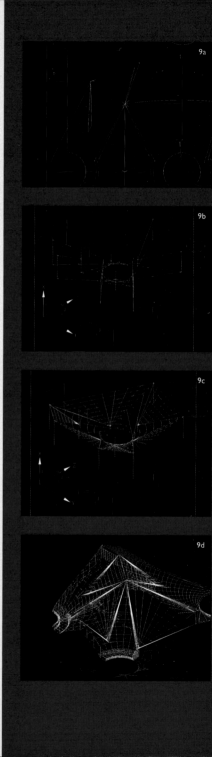

9a

9b

9c

9d

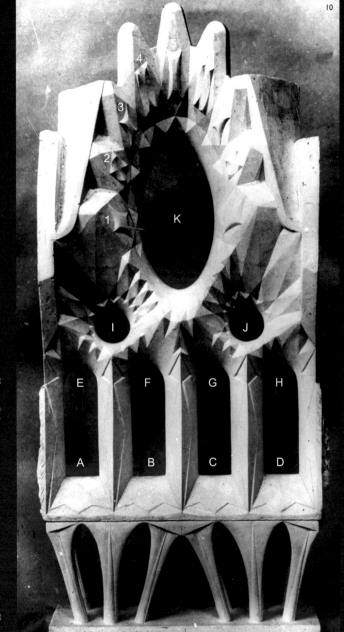

9   **a–d**
Prozess der Anwendung
digitaler „Skulptu-
rierung" an den Rota-
tionsyhperboloidflächen
des Fensters des Seiten-
schiffs (CADDS4X™,
1992).

10   Vor Gaudís Tod
aufgenommene
Fotografie seines
unversehrten
Gipsmodells im
Maßstab 1:10 des
Obergadenfensters
des Mittel- und
Querschiffs. Jeder
Buchstabe bezeichnet
ein verschnittenes
Rotationshyperboloid.

11   **a–d**
Details des teilweise
wiederhergestellten
Modells aus Figur 10
nach dessen Zerstörung
im Bürgerkrieg von
1926–39.

12

d¹

d²

13

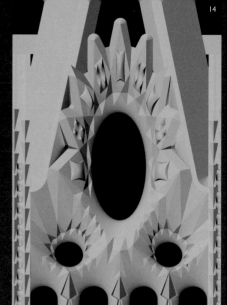

14

15

16

2 Details der Darstellung aus Figur 10 mit überlagertem Ablauf d1 – d2 eines typischen Verschnitts zwischen Drehhyperboloiden („I" und „K" der Figur 10).

3 1:10-Reproduktion von Gaudís originalem Entwurf für die Obergadenfenster des Lang- und Querhauses wie in Figur 10 dargestellt.

4 Digitales Modell der Außenseite des Obergadenfensters (modelliert in CADDS5™, gerendert in Rhino3D™).

15 Gebautes Lichtgadenfenster (7,5 Meter weit, 18 Meter hoch) an der Westseite des Kirchenschiffs. Die Fensterbank befindet sich circa 34 Meter oberhalb des Erdgeschosses.

16 Großaufnahme des Obergadenfensters des Lang- und Querhauses, fertiggestellt 2001.

noch kaum nutzbar war. Hinsichtlich der Herstellung war der Grundsatz zur Zeit, als sie produziert wurden, für die exponierten Stellen des Gefüges wie etwa die Fenstersimse Naturstein zu verwenden (soweit verfügbar vom Montjuïc, andernfalls einen passenden Granit) und ansonsten Kunststein.

Am Computer erstellte Beschreibungen der Formen, nach denen sie gefertigt sind, weisen eine auffällige Ähnlichkeit mit dem Verfahren auf, das Gaudí in seinen letzten Jahren entwickelte und an seine Nachfolger weitergab. Bei den Steingussformen sind die entscheidenden Komponenten zwei halbe Gipsformen, die entsprechend geschnitten und so aneinander angepasst werden, dass sie dreidimensionale Schnittlinien bilden und wiederum „Dreifach-Punkte", an denen sich drei solcher Schnittlinien schneiden. Obwohl die Gussformen während der Besetzung des Gebäudes im spanischen Bürgerkrieg zerbrochen wurden, konnte die Geometrie aus den in ausreichender Zahl gefundenen Fragmenten mit intakten Dreifach-Punkten verlässlich bestimmt werden. Gaudís Verfahren für die Gussformen, das seinen heutigen Mitarbeitern durch die ununterbrochenen Lehrlingsverhältnisse der Modellbauer bekannt ist, basiert auf einem additiven Prozess (das Hinzufügen von Rotationshyperboloiden-Hälften zu einer entstehenden Komposition). Die digitale Form funktionierte nach demselben Prinzip, basierte aber auf selektiver Boole'scher Formentwicklung, bei welcher der Designer durch Reduktion zur primären Geometrie gelangt.

Das Dekorationsprogramm für alle drei Fenster beruht auf Überschneidungen ausgewählter gerader Linien, die auf der Fläche der Rotationshyperboloiden (Generatrizes) liegen. Diese beschreiben in Vierergruppen nicht ebene Vierecke, welche in die Vorgänger-Hyperboloidfläche mit einer Kombination aus dreieckigen Formen, die de facto Facetten sind, eingeschrieben werden können. Meiner Meinung nach ist der allgemeine Einsatz von umgekehrten Pyramiden an der Außenseite der Obergaden visuell ergiebiger als das Programm, das Gaudí den früher geschaffenen unteren Fenstern gab.

Das Verfahren zur Herstellung der steinernen Fensterelemente, das er in seinen letzten Jahren einführte, ist genial. Bei der Produktion von Komponenten für Freiformflächen, wie sie bei Casa Milà erforderlich wurden, musste tatsächlich für jedes Stück ein Gipsmodell im Originalmaßstab gefertigt werden. Im Gegensatz dazu brauchen die Steinmetze bei Regelflächen lediglich Schablonen, die ihnen zeigen, wo repräsentative Muster gerader Linien auf der Fläche (das heißt Generatrizes in Intervallen von ca. 20 Zentimetern) anfangen und aufhören. So ist der Steinmeißel geführt und man muss bei diesem so rationalen wie unmissverständlichen Verfahren beim Glätten einer perfekt gewölbten Oberfläche nicht jedes Stück an das benachbarte anpassen.

Der Hauptteil des Fensters ist aus Kunststeinkomponenten hergestellt, einem Material, mit dem Gaudí zuvor etwa beim Park Güell und der Casa Calvet experimentiert hatte. Jedes Element wird in einer Glasfaserform produziert, die wiederum mittels einer Gipsmodellversion in Originalgröße des skalierten Modell-Verfahrens hergestellt wird, das Gaudí erfunden hatte, um seinen Entwurf abzuschließen.

Die ersten der Obergadenfenster wurden zur Komplettierung der Wände des Langhauses in der zweiten Hälfte der 1990er Jahre produziert. Die letzten werden den Chorumgang der Apsis vervollständigen und im Lauf der nächsten zwei Jahre eingesetzt. Faszinierenderweise hat Gaudí, obwohl er seinen Entwurf in Voraussicht auf seine Nachfolger vollendete, nie Ratschläge erteilt, wie er ihre zukünftige Bauart ausgeführt sehen wollte, noch hat er diese wunderbaren Fensterrosen an Ort und Stelle gesehen. Es ist sehr bezeichnend, dass ein Architekt wie Gaudí in der Lage war, ein System zu konzipieren und anzuwenden, das in einer Weise auf einer geometrischen Logik beruhte, dass es nicht nur nicht vom Fluss seiner Komposition ablenkt (es scheint eher noch dazu beizutragen), sondern auch ein System ist, dem seine ihm unbekannten Nachfolger später mühelos folgen konnten.

Gaudí hat in seinen 43 Jahren als leitender Architekt der Sagrada Família nie etwas Schriftliches über seine Theorie oder seine Methodik hinterlassen. Der Entwurf kann nämlich genauso für sich selbst sprechen wie auch sein einzigartiger Entstehungsprozess.

Mark Burry
Professor für Innovation, Federation Fellow des Australian Research Council – RMIT University, an der Sagrada Família als Architekt Leitung der Entwursforschung für die Fertigstellung der Passionsfassade und des Übergangsbereichs von Langhaus, Querhaus und Vierung mit den zentralen Türmen. Reial Acadèmia Catalana de Belles Arts de Sant Jordi: Ehrenmitglied

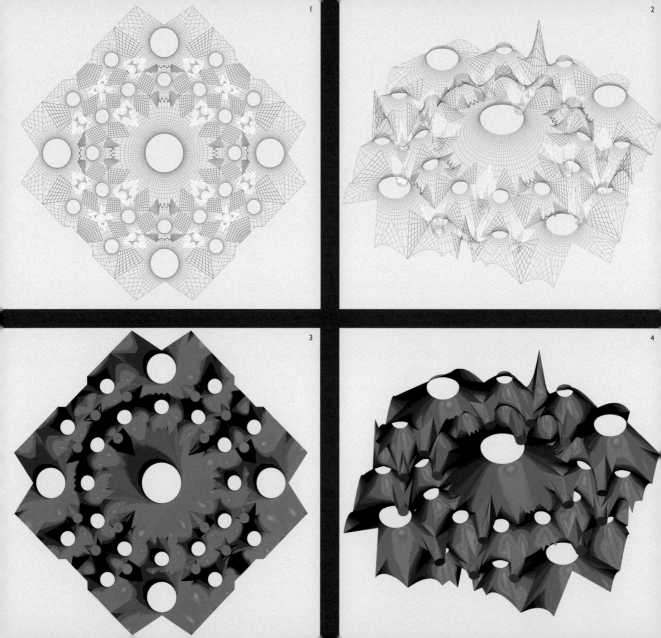

DIE GEWÖLBE DER VIERUNG UND DES QUERHAUSES

JORDI COLL I GRIFOLL

In all den Jahren, die Antoni Gaudí an den Plänen für die Sagrada Família arbeitete, suchte er nach der besten Möglichkeit für eine sukzessive Abwandlung der Deckengewölbe in den Haupt- und Seitenschiffen, dem Querhaus, der Apsis und der Vierung. Er beschäftigte sich mit verschiedenen Methoden der Raumeindeckung, anfangs mit Bögen in Kettenkurvenformen, später dann mit geometrischen Regelflächen, schließlich entwickelte er für das Hauptschiff eine Reihe von Lösungen, die auf der Verwendung von Hyperboloiden basierte.

Für Gaudí verkörperte das Hyperboloid, das heißt die Sanduhrfläche, das Licht. Der Innenraum kann vom Licht erfüllt werden, das durch den „Hals" des Hyperboloids flutet und entlang der sich weitenden Oberfläche fließt. Deshalb verwendete er Hyperboloiden als offene Oberlichter (als eine „leere" Sanduhrfläche) zur Eindeckung der Gewölbe, während er gleichzeitig aus der negativen Entsprechung (der „vollen" Sanduhrfläche) die Kapitelle der Säulen formte und so einen weichen Übergang von den Säulen zu den Gewölben schuf.

Die Vierung bildet den Mittelpunkt des Kirchenraums an der Kreuzung der zwei Balken der lateinischen Kreuzform. Die Deckengewölbe auf einer Höhe von 60 Metern schließen diesen zentralen Bereich nach oben ab und überragen die Gewölbe des übrigen Kirchenraums. Durch einen großen Hyperboloiden im Zentrum ist der gesamte Innenraum sichtlich auf diese Mitte ausgerichtet. Der Entwurf steigert diese Wirkung noch durch einen umgebenden konzentrischen Kranz von weiteren Hyperboloiden. Auf diese Weise verwandelte Gaudí die Linearität von Hauptschiff und Querhaus in eine radiale Anordnung zur Apsis hin und in konzentrische Ringe an der Vierung.

Diese Gewölbe ruhen auf den 16 „Zweigen" der vier Hauptsäulen im Zentrum des Grundrisses, gleichzeitig den Hauptturm tragen. Zwölf dieser Säulen stehen auf einer Kreislinie mit etwa sieben Meter Radius. Sie nehmen das gesamte Gewicht der mit großen

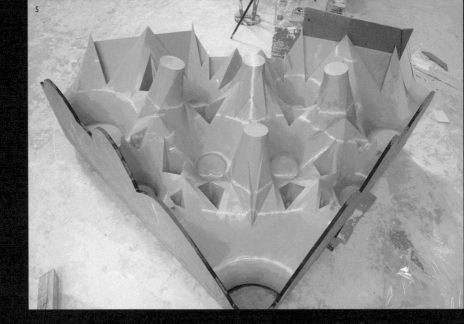

1:10-Maßstabsmodell
eines Quadranten des
Vierungsgewölbes.

Übergangselemente
mit hyperbolischen
Paraboloiden und
venezianischem
Glasmosaik.

7 Katalanisches Gewölbe:
Aufbau.

8 Hyperbolisches
Paraboloid mit
Hyperboloid im
Innenbereich
vorgefertigt.

Fenstern versehenen Außenschale des 170 Meter hohen Hauptturms auf und außerdem noch in 60 Meter Höhe einen Teil der Last der seitlichen Gewölbe. Die übrigen vier Säulen neigen sich stärker nach innen, um die Hauptlast der Überkuppelung in 60 Meter Höhe und der Turmeinbauten (Treppen und Aufzüge) zu tragen.

Das Gewölbe der Vierung gliedert sich in konzentrischen Ringen um das zentrale große Hyperboloid mit vier Meter Durchmesser. Säulen und Oberlichter wechseln sich in diesen Ringen ab: Säulen mit 105 Zentimeter Durchmesser bilden den ersten Kreis; der zweite Kranz wird von zwölf identischen Hyperboloiden mit einem Durchmesser von jeweils 150 Zentimetern gebildet, die zum Zentrum hin um 15 Grad geneigt sind und von der Mittelachse der Kirche ausgehend jeweils in um 30 Grad gedrehten Sektoren liegen. Im dritten Kreis befinden sich zwölf Säulen mit demselben Durchmesser wie im vorherigen. Den letzten Ring schließlich bilden zwölf Hyperboloide, vier mit einem Durchmesser von 300 Zentimetern auf den Achsen von Hauptschiff und Querhäusern, in den Zwischenräumen dazu befinden sich acht mit nur dem halben Durchmesser davon; sie bilden gleichzeitig einen Übergang zu den vier Evangelistentürmen, die den Hauptturm umgeben.

Diese Beschreibung vermittelt eine Vorstellung von den zahlreichen in der Kirche vorhandenen Symmetrieachsen. Die beiden rechtwinklig zueinander liegenden Hauptachsen sind die des Hauptschiffs und der Querhäuser. Durch ein weiteres Achsenkreuz, das um 45 Grad gegenüber dem ersteren verschoben ist, entstehen symmetrische Teile eines Oktogons, die die Grundeinheit des Entwurfs bilden.

Hyperbolische Paraboloide (Sattelflächen) bilden die Gelenke zwischen den Schnittflächen der Hyperboloiden, der Übergang wird durch die Verwendung derselben geometrischen Erzeugenden hergestellt. Kleinere Hyperboloiden wiederum durchbohren das Innere der hyperbolischen Paraboloide. Die Letzteren sind so entworfen, dass die Achsen

Die ersten
fertiggestellten Ziegel-
Hyperboloide.

Die Vierung mit dem
nahezu fertiggestellten
zweiten Ring aus
Ziegel-Hyperboloiden.

aller inneren Hyperboloiden im Schnittpunkt des kreuzförmigen Grundrisses der Kirche zusammenlaufen. Eine Person, die in der Mitte des Gebäudes steht, sieht das Tageslicht durch all die kleinen Hyperboloide einfallen, als ob die Decke ein Himmel voller Sterne wäre. Das zentrale Hyperboloid befindet sich in 63 Meter Höhe, die angrenzenden in 60 Meter Höhe. Gemeinsam bilden sie eine annähernd glockenförmige Kuppelkonstruktion – ein großes Gewölbe, das aus vielen kleineren besteht.

Wie verhält es sich nun aber mit der Umsetzung dieser Geometrie? Wie und mit welchen Materialien lässt sie sich errichten? Die Kapitelle und die hyperbolischen Paraboloidflächen mit den kleinen Hyperboloiden in ihrem Innern sind Betonfertigteile, die im Werk mit eingefärbtem Beton in Polyesterformen gegossen wurden. Die Gussformen wurden zuvor von Gipsmodellen im Maßstab 1:1 abgenommen. Die größeren Hyperboloide werden aus Keramikfliesen konstruiert und entstehen erst ganz zum Schluss, nach der Fertigstellung ihrer gesamten sternförmigen Umfassung. Die Fliesen werden den Erzeugungslinien des Hyperboloids gemäß verlegt, und zwar auf einem „Reifrock" aus Eisenstäben, die wie Führungsschienen entlang der erzeugenden Linien verlaufen. Die ersten Fliesenstücke werden diagonal beschnitten, damit sie sich der stärkeren Flächenkurve direkt um den Kragen anpassen. Weiter oben und unten lassen sie sich ohne Zuschneiden anbringen. Zwei weitere Lagen von Fliesen werden dann an der Außenschale des Hyperboloiden mit sich kreuzendem Fugenverlauf – wie bei den traditionellen katalanischen Gewölben – verlegt.

Das Außergewöhnliche dieser Hyperboloide sind die dreieckigen, grünen und goldenen Mosaikflächen. Diese Dreiecke ergeben sich beim Herstellen der Stöße, weil die Fliesenreihen sich vom Kragen des Hyperboloids ausgehend auffächern und somit Restflächen zwischen zwei auseinanderstrebenden vertikalen Fliesenreihen und der folgenden „Füllreihe"

11 Fortschreiten der Konstruktion der Säulen.

12 Blick von oben über das Querschiff in Richtung Osten.

blieben. Je nach Größe dieser Restflächen entstanden horizontale Ringe unterschiedlich spitzer Dreiecke, die mit grünen und goldenen venezianischen Glasmosaiksteinchen ausgefüllt wurden. Die goldenen Spitzen wurden direkt vor Ort verlegt, die restlichen Mosaike vorgefertigt und dann eingesetzt. Genau genommen handelt es sich bei diesen Flächen übrigens nicht um echte Dreiecke, denn diejenigen im ersten Kranz sind nicht eben, sondern gekrümmt, weil sie sich der Form des Hyperboloids fügen.

Für diese „Dreiecke" wurde nach einem Gipsmodell eine Silikonform gegossen. Diese Form ist der Krümmungslinie der Oberfläche angepasst, während für die weiteren Ringe flache Holzformen verwendet werden, was in diesen Bereichen ausreicht, um die fertigen Elemente in die Flächenform einzupassen.

Die große mittige Oberfläche des Hyperboloids folgt verschiedenen Regeln; der Fliesenverlauf zeichnet die Hyperbeln nach, während die goldenen Dreiecke radial angeordnet sind, um ihre zentrale Position zu betonen und den Verlauf der Fliesenreihen zu „bündeln". Abschließend werden die flacheren Hyperboloide und einige der größeren hyperbolischen Paraboloide mit der gesamten Baugruppe vor Ort betoniert.

Die Endbehandlung der Oberflächen erfolgt bei den Betonfertigteilen durch Abwaschen mit einer Säurelösung. Die Hyperboloide dagegen werden lediglich gesäubert, die Fliesen und die Dreiecke aus venezianischem Glasmosaik bleiben unbehandelt. Nur die Teile aus Ortbeton erfordern in geringem Umfang eine Nachbearbeitung mangelhafter Stellen mit Hammer und Meißel.

Jordi Coll i Grifoll
Architekt, Leiter der Projektabteilung der Sagrada Família

13 Blick vom Kran aus nach unten auf das halb fertiggestellte Vierungsgewölbe (2007).

14 Nahaufnahme der Gewölbe von oben (2007).

15 Blick schräg über das Vierungsgewölbe von Osten aus (2007).

Konstruktive Einblicke

DAS PROJEKT: DIE KONSTRUKTION

RAMON ESPEL I ROSELL

JORDI FAULÍ I OLLER

Zum Zeitpunkt dieser Ausstellung unterscheidet sich die Organisation der Bauausführung der Sagrada Família von anderen aktuellen Vorhaben dieser Größe in doppelter Hinsicht. Erstens aufgrund der unverkennbaren Charakteristik des Projekts und der Art, wie Informationen zu Gaudís unvollendetem Hauptwerk vorliegen, und zweitens, weil die Hauptverantwortung sowohl für die Planung als auch für die Konstruktion in den Händen einer Organisation – dem Bauausschuss der Sagrada Família – liegt.

Diese Einrichtung treibt die Planung voran und erleichtert die Zusammenarbeit der verschiedenen an der Bauplanung beteiligten Seiten von der ersten Planungsphase an und erlaubt es, die Verantwortlichen künftiger Baumaßnahmen problemlos über Projektentscheidungen zu informieren und gibt umgekehrt ihnen Raum ihre Sachkenntnisse einbringen.

Die für die einzelnen Phasen verantwortlichen Spezialisten – die leitenden Architekten, die Tragwerksplaner und die für die Konstruktion und Produktion Verantwortlichen – arbeiten bei der Vorbereitung und Bauausführung des Projekts eng zusammen.

Dadurch wird die Suche nach der besten Projektlösung erleichtert, sowohl im Hinblick auf Gaudís Originalpläne und deren künstlerischen und konstruktiven Wert als auch im Hinblick auf die Konstruktionsmethoden und Abläufe. Die Projektverantwortlichen sind dadurch in der Lage unmittelbar einzugreifen, wenn Probleme beim Herstellungsprozess oder bei der Bauausführung entstehen. Der leitende Architekt, Jordi Bonet, koordiniert die verschiedenen in einem Büro direkt an der Baustelle unter dem Hauptschiff der Kirche untergebrachten Abteilungen, die an der Projektvorbereitung, Produktion und Bauausführung beteiligt sind.

Dort werden die erforderlichen Unterlagen vorbereitet, die die Konstruktion in Qualität, Effizienz und in Übereinstimmung mit den Originalplänen sicherstellen, und dort entscheidet man gemeinsam über die Programme zur Koordination und setzt Fristen fest, um die vom Bauausschuss gesetzten Ziele zu erreichen.

Die Baukonstruktionsplanung des Vorhabens wurde den Architekten Charles Buxadé und Joan Margarit übertragen, die als Direktoren für die Ausführung bei wöchentlichen Sitzungen in einem ständigen Kontakt mit dem technischen Büro der Sagrada Família stehen. Auf vierzehntägigen Treffen der Arbeitsgruppe der Ausführungsleitung werden unterschiedliche Vorschläge für das Projekt sowohl in der Planungs- wie auch der Ausführungsphase in konstruktiver Hinsicht beurteilt und verbessert. Auf diesen Treffen wird auch die künftige Baukonstruktion und die beabsichtigte Art der Umsetzung vorgestellt und diskutiert.

Für den gesamten Entwurfsprozess ist es von größter Bedeutung, möglichst umgehend Gipsmodelle entsprechend der Computerzeichnungen zu erhalten. Die Architekten können dadurch kurz nach der Entwurfszeichnung die dreidimensionale Struktur der Elemente analysieren und sie danach in das allgemeine Aufbaumodell einsetzen.

Polysteren-Modelle im Originalmaßstab werden als Gussformen für die Herstellung von Betonfertigteilen verwendet.

Antoni Gaudí ließ eine Werkstatt für Gipsformer einrichten, die Modelle im Maßstab 1:10 und 1:25 herstellten und Modelle für die Skulpturen oder große Fertigteile für die Aufsätze an der Fassade der Geburt Christi schufen. Die Werkstatt besteht in der selben Funktion bis heute, Teile der Arbeit werden inzwischen allerdings mit Hilfe von 3D-Druckern erledigt.

Die Bauarbeiten an dem 4500 Quadratmeter großen Innenraum der Kirche begannen mit dem Hauptschiff. 1979 begann man mit den unteren Fenstern, 1986 erfolgten die Arbeiten an den Fundamenten für die Säulen, wobei die Betonpfähle bis zu 20 Meter tief versenkt wurden. Anschließend erfolgte bis zum Jahr 2000 die Konstruktion der Säulen, Fenster und Gewölbe für das Seitenschiff (in Beton bis zu einer Höhe von 30 Metern) und für das Mittelschiff (mit einem Gewölbe aus Flachziegeln in 45 Meter Höhe). Danach wurden die Gewölbe des Querschiffs fertiggestellt und gegenwärtig arbeitet

man in der Mitte des Gebäudes an der Vierung in einer Höhe von 60 Metern. Ende 2007 sollen die 30 Meter hohen Gewölbe des Chorumgangs der Apsis vollendet sein. Um wie geplant in drei Jahren den Raumabschluß in 75 Metern Höhe mit einem großen Gewölbe aus einem Rotationshyperboloiden vollenden zu können, müssen zunächst die Einwölbungen in 45 Metern und 60 Metern Höhe geschaffen werden, die eine halbkreisförmige Krone um das Zentrum der Apsis bilden.

Die Ausführung der Bauteile und jedes Abschnitts des inneren Kirchenschiffs bringt neue Herausforderungen unterschiedlicher Komplexität mit sich und es gilt, differenzierte Herangehensweisen zu entwickeln, um diese zu lösen. Dafür bilden die bereits gewonnenen Erfahrungen und die Möglichkeiten moderner Bautechnologie eine Grundlage, die kontinuierlich hinsichtlich der Konstruktionslösungen und Ausführungsplanung optimiert wird.

Baumaterialien und -techniken für die Kirchenschiffe

Die Baumaterialien und Verfahren zur Konstruktion der Kirchenschiffe entsprechen den Vorschlägen Gaudís für das Projekt – Säulen und Fenster aus Stein, Gewölbe aus sichtbarem Stahlbeton und Flachziegelgewölbe (Katalanisches Gewölbe), Steindächer und Mosaiken aus venezianischem Glas.

Das Tragwerk aus Stahlbeton, ein Material das Gaudí bereits an der Fassade der Geburt Christi verwandte und für die Gewölbe der Schiffe vorgesehen hatte, verläuft von den Fundamenten bis zu der Stützstruktur für die Dächer.

Stein

Die großen Werkstücke aus Naturstein für die Säulen und Fenster werden teilweise von Hand, teilweise aber auch von computergesteuerten Sägen bearbeitet. Seit 1989 werden entsprechende Kreissägen verwendet, zunächst eine Maschine mit zweieinhalb Achsen, gegenwärtig eine fünfachsige Maschine. Die beteiligten Werkstätten verfügen über eine lange Erfahrung, zusammen mit der

Ablauforganisation und Kontrolle durch das Baubüro der Kirche garantiert das die Qualität und Stimmigkeit im Gesamtprojekt. Die unteren Teile der Säulen sind aus Steinarten, die Gaudí hinsichtlich ihrer Standfestigkeit gewählt hatte: Sandstein aus den Montjüic-Bergen in Barcelona, Granit, Basalt und Porphyr.

Betonfertigteile

Teile der Säulen, viele Elemente der Fenster sowie Teile der Galerien und Gewölbe werden unter Verwendung von Stahlbetonfertigteilen mit rostfreiem Stahl hergestellt. Der rauhe sichtbare Naturstein der unteren Säulen dient als Ummantelung und ständige Schalung des strukturellen Stahlbetonkerns. Auch Gaudí verwendete Fertigteile, zum Beispiel im Park Güell, bei dem Gebäude der Colonia Güell Kirche und bei den Aufsätzen an der Fassade der Geburt Christi (Betonfertigteile mit venezianischem Glas und Gipsformen). Einige der drei bis sechs Meter hohen vorgefertigten Säulen wurden vollständig mit der Stahlbewehrung gefertigt.

Die Modelle der Kirche wurden während der letzten 90 Jahre traditionell aus Gips hergestellt, neuerdings werden auch mechanische Herstellungsverfahren eingesetzt, die Polysteren oder Polyurethan verwenden. Aus diesen beiden Materialien werden auch die Schalungen hergestellt, daneben werden Polyester und Glasfaser verwendet, je nachdem welche Anzahl von Teilen zu fertigen ist.

Um Montagezeit einzusparen, werden mehrere Fertigteile am Boden der Kirche vormontiert, sodass größere Elemente an Ort und Stelle gebracht werden können.

Für den passgenauen Einbau der Elemente wurde für die Kirche eigens ein Positionierer (ein hydraulisches Dreibein) entwickelt und patentiert, da die sehr empfindlichen und exzentrisch geformten Teile mit Kränen bewegt und gleichzeitig mit sehr weichen und präzisen Bewegungen in Position gebracht werden müssen. Er besteht aus einem System hydraulischer Kolben, die über Fernsteuerung verkürzt oder ausgefahren werden können, während das Element am Kran hängt.

8 „Knoten" einer Hauptsäule aus Granit mit einer Höhe von 5,40 Metern.

9 Hyperbolisches Paraboloid, aus Stein entsprechend der geometrischen Leitlinien hergestellt.

10 Abschnitt der Fassade des Kreuzgangs mit Steinelementen, die mit computergesteuerten Maschinen geschnitten wurden.

11 Fenster des Mittelschiffs (Obergaden), das aus vorgefertigten Betonteilen sowie Simsen und Brüstungen aus Granit besteht.

12 Positionieren einer vorgefertigten Säule des Seitenschiffs.

13 Baugruppe des
    Seitenschiffs aus
    vier vorgefertigten
    Betonsäulen.

14 a & b
    Herstellung eines
    Gipsmodells im
    Maßstab 1:1 für den
    späteren Aufbau
    vorgefertigter
    Elemente: ein Balkon
    für das Seitenschiff und
    ein Stützenauflager für
    die Obergadenfenster.

15 Einpassen einer großen
    Baueinheit aus vor Ort
    vormontierten Teilen.

16 Fiberglasschalungen
    für das Herstellen von
    Säulen vor Ort.

17 Vor Ort betonierte
    Säulen.

18 Maschine mit einem
    hydraulischen System
    zum Positionieren
    und Verschieben der
    Polyesterschalung für
    die Wendeltreppen.

Vor Ort in Polyestergussformen hergestellte Säulen

Zuerst wird die Bewehrung montiert, darum dann die Schalung, in die der Beton gegossen wird. Es handelt sich um Säulen aus hochfestem Beton im Bereich des Querschiffs und bei den sich verzweigenden Säulen in der Apsis.

Die Stahlbewehrungen für den Beton werden in großen Elementen vorgefertigt, um eine präzise Ausführung zu gewährleisten und den gesamten Prozess durch Einsparung von Montagezeit zu beschleunigen. Auch große Schalungsteile in Form von Hyperboloiden oder hyperbolischen Paraboloiden werden vorgefertigt.

Diese und andere Säulen und Gewölbe, die sich gegenwärtig im Bau befinden, sind aus hochfestem Beton (600–800 Kilopond/Quadratzentimeter), der in einem zentralen Betonmischwerk vor Ort hergestellt wird. Dieser Beton erlaubt es, das Projekt in den von Gaudí beabsichtigten Querschnitten und gleichzeitig in Übereinstimmung mit heutigen Bestimmungen zu gestalten.

Wendeltreppen

Zum Bau der Wendeltreppen wurde ein „wanderndes" System entwickelt, mit dem die Betonunterkonstruktion für die vielen Meter an Stufen im Gebäude automatisch gefertigt werden kann. Ein Karren bewegt sich entlang von Metallschienen, ein integriertes hydraulisches System trägt und positioniert spiralförmig die Polyesterschalung für die Stufenplatte. Ist die Platte in Beton gegossen, hat das System einen Entschalungsmechanismus, der verhindert, dass sich die Gestalt des Formteils ändert. Er wird danach auf den Schienen weiter nach oben gefahren und führt die Arbeit auf gleiche Weise fort.

Die Wendeltreppen der Hauptfassade bestehen aus einem abgespindelten Stahl-Helikoiden, der als Unterkonstruktion der steinernen Stufen und Handläufe dient.

Betongewölbe

Die Gewölbe in 30 Metern Höhe wurden zunächst von der Modellwerkstatt der Kirche in Originalgröße als Gipsmodelle in sich mehrfach

19 a & b Treppe der Glorienfassade mit einer Unterkonstruktion aus einem Stahl-Helikoiden und steinernen Stufen und Handläufen.

20 Holzschalung in Form eines hyperbolischen Paraboloids für die Deckengewölbe der Chorgalerie des Mittelschiffs.

21 Deckengewölbe des Seitenschiffs.

22 Gipsmodell im Maßstab 1:1 der Deckengewölbe.

23 Holzschalungen für die hyperbolischen Paraboloide, die den Unterbau des Chores bilden.

24 Polyester- und Fiberglasschalung für die seitlichen Kuppeln.

25 Ensemble von Katalanischen Kuppeln im Mittelschiff.

wiederholenden Modulen gefertigt. Über dieser Positivform wurden Polyesterschalungen hergestellt, besondere Aufmerksamkeit galt dabei der Segmentierung im Hinblick auf eine leichte Montage und der späteren Entschalung des fertigen Gewölbes. Wenn die Schalungen vor Ort positioniert sind, werden sie zunächst mit Spezialmörtel ausgespritzt. Damit ist die Form vorbereitet und es kann betoniert werden.

Für Gewölbemodule, die nicht wiederholt werden, ist ein System speziell angefertigter Formen für die einmalige Anwendung entwickelt worden. Es ist den verschiedenen Profilen aus der regulären Geometrie, die Gaudí verwendete, angepasst und verwendet die für die Gestalt und Maße am besten geeigneten Materialien. Die Produktion erfolgt eher manuell und handwerksmäßig, nähert sich aber der höchstmöglichen Mechanisierung.

Die Hyperboloide der Kapitelle und Oberlichter sind aus hölzernen Rippen in hyperboloider Form konstruiert, die dadurch, dass sie mit anderen kreisförmig auf verschiedenen Ebenen zusammentreffen, die Struktur für die Gussform bilden. Sie werden anschließend mit fünf Millimeter starkem Schiffssperrholz überzogen, wodurch Anschlüsse und Anpassungen nach Wunsch möglich sind.

Herstellung einer hyperbolischen Paraboloid-Schalung aus Holz

Die großdimensionierten hyperbolischen Paraboloide werden so hergestellt, dass zunächst ein Skelett aus zusammengeschweißten Metallstangen – das den Leitlinien und Erzeugenden des Elements folgt – angefertigt wird. Dieses Skelett wird danach mit dünnen Schichten aus MDF-Platten überzogen, die zur besseren Anpassung an die gewünschte Form zuvor in einem Wasser-Acrylbad eingeweicht wurden.

Chorgalerie der Apsis

Die Schalungen für die kleinen hyperbolischen Paraboloide mit starker Krümmung entstehen aus genau bemessenen Stahlschienen, die seitlich miteinander verschweißt werden. Die

29c

30

26 Katalanisches Gewölbe aus Flachziegeln mit einem Dekor aus venezianischem Glas.

27 Detail der Konstruktion der Ziegelgewölbe (erste Lage).

28 Detail des Gerüsts und der Ausführung der Ziegelgewölbe.

29 **a, b & c**
Ausführung der Ziegelgewölbe der Decke des Mittelschiffs: Das Metallgerüst gibt die Position der Ziegel vor. Die aussteifenden Riegel folgen der Regelflächen-Form des Hyperboloids.

30 Konstruktion des Deckengewölbes des Chorumganges zur Apsis: Fiberglasschalungen, Holzschalungen, Katalanische Gewölbedecke.

Zwischenräume werden mit einer Mischung aus Epoxydharz und Sand ausgefüllt, eine Mischung, die der Stangenkonstruktion die Beschaffenheit einer kontinuierlichen Fläche gibt.

Wenn die Schalungselemente hergestellt sind, beginnt eine mindestens ebenso komplexe Arbeit – die Positionierung und Einpassung vor Ort. Danach werden sie abgestützt, damit sie den Druck des Betons aufnehmen können. Zuletzt wird die gesamte exponierte Oberfläche mit einem Lacküberzug versehen, um das Element vor der Betonierung maximal zu schützen.

Flachziegelgewölbe (Katalanisches Gewölbe)

Beim Flachziegelgewölbe handelt es sich um eine traditionell katalanische Konstruktionstechnik zur Raumeindeckung und zur Konstruktion von Treppen, bei der Flachziegel oder Backsteine in drei übereinanderliegenden Lagen vermörtelt werden, daraus ergibt sich eine sehr belastbarer Verbund. Bei den Kuppeln der Kirche folgt die erste Lage der Ziegel den geraden Linien des Hyperboloids. Die dreieckigen Zwischenräume an den Enden der Ziegelreihen werden mit grünem und goldenem Glas ausgefüllt, daraus ergibt sich das Motiv von Palmblättern, wie es sich Gaudi für die Kuppeln wünschte. Sowohl die Konstruktion als auch die Dekoration ergeben sich also aus der Geometrie und verwandeln die Flachziegelgewölbe in eine schmückende Bereicherung des Innenraums. Die Gewölbe werden mit Hilfe eines metallenen Hilfsgerüsts konstruiert, das die Form eines Hyperboloids hat. Der Mauerer erhält dadurch eine Führung für die erste Schicht der Ziegel und die korrekte Position der dreieckigen Zwischenräume.

Diese Oberflächen werden sowohl bei den in 45 Metern Höhe gelegenen Einwölbungen des Haupt- und der Querschiffe verwendet, bei den in 60 Metern Höhe gelegenen Gewölben der Vierung und in einigen in 30 Metern und 45 Metern Höhe gelegenen Bereichen der Apsis.

Die Arbeit mit den verschiedenen Auftragnehmern, darunter Maurer, Stahlarbeiter, Steinmetze, Gerüstbauer und Restauratoren muss an mehreren Stellen koordiniert werden. Die Leiter und Aufsichtspersonen der Nachauftragnehmer und Lieferanten sowie die Leiter der Holz- und Steinmetzarbeiten sowie der Instandhaltungswerkstatt der Kirche arbeiten bei der Prozessorganisation zusammen. Bei dieser Zusammenarbeit zwischen den Spezialisten, Ausführenden und Firmen bilden die von Gaudí bestimmten geometrischen „Gesetze" die gemeinsame Sprache, die bei den verschiedenen Arbeitsvorgängen als Orientierung dient.

Große Arbeitsplattformen in verschiedener Höhe erleichtern die Baumaßnahmen und garantieren für die Sicherheit der Ausführenden und Besucher, ein Ziel, das mit geeigneten Hilfsmitteln und mit größtem Engagement verfolgt wird. Außerdem sind sie besonders nützlich beim Bau der geneigten Säulen der Kirche und hilfreich sowohl beim Bewegen und Einrichten von Schalungen als auch dem Einsatz von Maschinen wie etwa Lasergeräten zu einer akkuraten Positionierung.

Dank der gemeinsamen Bemühungen eines hoch professionellen Teams von Fachleuten wird in von heute aus drei Jahren der Innenraum der Sagrada Família fertiggestellt sein. Gemeinsam werden sie Lösungen für die unterschiedlichen Herausforderungen der Bauausführung gefunden haben, die aus einer Verbindung von traditionellen Gewerken wie Steinmetzen und Maurern, dem Expertenwissen von Konstruktionsbüros und Baufirmen und der Anwendung neuer computergestützter Bautechniken stammt. Dank ihnen wird es möglich sein, sich an diesem außerordentlichen Ort zu erfreuen, den Gaudí den zukünftigen Nutzern vermacht hat.

Ramon Espel i Rosell
Technischer Architekt, Bauleiter
Jordi Fauli i Oller
Architekt

DIE ZUKUNFT DER SAGRADA FAMÍLIA

JORDI BONET I ARMENGOL

Am 19. März 2007 war der 125. Jahrestag der Grundsteinlegung der Sagrada Família. Kaum zwei Jahre später wurde Antoni Gaudí damit beauftragt, die neugotische Planung des Diözesanarchitekten Francisco de Paula del Villar fortzuführen.

Gaudí widmete sich 42 Jahre lang bis zu seinem Tod dieser Aufgabe, besonders intensiv und ausschließlich in den letzten zwölf Jahren seines Lebens. In dieser Zeit entwickelte er seine bisher gewonnene Erfahrung weiter, ebenso wie seine gewaltige Vorstellungskraft und seine meisterliche Beherrschung der Architektur. Erfolgreich verwirklicht sehen konnte er seine neue Architektur in den Glockentürmen der Fassade der Geburt Christi, mit all der Farbe und Bewegung, dem Symbolismus und der Geometrie, die seine Kreativität unter Beweis stellten. Obgleich die vollendeten Teile nur ein Viertel des Gesamtwerks darstellen, hinterließ Gaudí allgemeine Richtlinien für das gesamte Projekt sowie außerordentlich detailliert ausgearbeitete Modelle im Maßstab 1:25 und 1:10 für die Kirchenschiffe, die Dächer, die Turmspitzen, die Kreuzgänge, die Gewölbe etc. zusammen mit

schriftlichen oder mündlichen Erläuterungen, die von seinen Nachfolgern gesammelt und aufbewahrt wurden.

80 Jahre später ist die Sagrada Família in die Höhe gewachsen, trotz der Rückschläge durch Revolution und Krieg, trotz der Zerstörung von Gaudís Werkstatt und eines Teils seines Werks. Aus dem, was übrig blieb, und gemäß seinem Wunsch, dass das Werk auf den Grundlagen fortzuführen sei, die er selbst seinen Nachfolgern hinterließ, konnte vieles weiterentwickelt werden, so dass sein Traum schon bald zu 60 Prozent verwirklicht sein wird. Selbst die Fassade der Herrlichkeit ist schon zu erkennen und die Gewölbe des Querschiffs werden bald vollendet sein.

Sofern die Gefährdung durch den geplanten Schnellzugtunnel von der Sagrada Família abgehalten werden kann, wird sie voraussichtlich im Frühjahr 2010 für den Gottesdienst öffnen. Bis dahin sollten die Gewölbe geschlossen, ein Teil der Glasarbeiten abgeschlossen und wichtige Teile des Presbyteriums und der Kirchenschiffe für religiöse Feiern und Zeremonien bereit sein. Danach wird man mit der Errichtung des ersten der beiden Sakristeigebäude

beginnen, vor allem mit dem Gebäude im Westen. Gaudí hatte es dazu bestimmt, es als Laboratorium und Experimentierfeld zu nutzen, um weitere Entscheidungen für den Bau des Jesus Christus gewidmeten Hauptturms treffen zu können, der bis in eine Höhe von 170 Metern aufragen wird.

Diese Gebäude mit einer Grundfläche von ca. 20 mal 20 Metern auf der Ebene der Sagrada Família sind vom Kreuzgang umgeben und dienen als Sakristei. Sie verfügen über mehrere Geschosse, die Platz bieten für eine Vielzahl kirchlicher Dienste und Veranstaltungen, von Räumen für liturgische Feiern und andere kirchliche Aktivitäten bis hin zu Büros, Funktions- und Versammlungsräumen sowie Räumen für die katholische Hilfsorganisation Caritas.

Gaudí hinterließ uns sein Gipsmodell im Maßstab 1:25. Die geometrische Anordnung wurde gründlich untersucht und die Ausführungsplanung wird derzeit fertiggestellt.

Gleichzeitig wird mit dem Aufbau der fünf Türme über dem Querhaus begonnen. Die beiden Türme, die den Evangelisten Markus und Lukas

FASE 4
FASE 3
FASE 2
FASE 1

2   Arbeiten am
    Innenraum der Kirche,
    die voraussichtlich bis
    2010 abgeschlossen
    werden.

3   Geplante
    Aufbauphasen der
    zentralen Türme und
    der Glorienfassade.

4   Detail des Dachaufbaus
    von Gaudís
    „Bellesguard"- Haus
    (1900–16).

5   Der Strukturaufbau des
    Daches vom Lang- und
    Querhaus der Sagrada
    Família zeichnet
    Gaudís Beharren
    nach, soweit wie
    möglich traditionelle
    katalanische
    Bautechniken zu
    verwenden, anstatt
    blindlings Verfahren zu
    riskieren, die noch nicht
    die Probe der Zeit
    bestanden haben.

gewidmet sind, erhalten Aufzüge, die eine Höhe von 85 Metern erreichen und den Zugang zum Abschlusskreuz ermöglichen.

Ein ausgedehnter kreisrunder Bereich direkt über dem Querhaus kann für verschiedene Zwecke genutzt werden; er soll jedoch vor allem dazu dienen, den Besuchern die Geschichte der Arbeiten an der Kathedrale nahezubringen.

Die Vergrößerung und Verbesserung des Museums ist eines der wichtigsten Ziele, die in nächster Zeit erreicht werden sollen. Das Museumsprojekt ist schon eingeleitet. So gibt es ein Lagerhaus mit einer Gesamtfläche von 300 Quadratmetern, in dem alle Originalmodelle Gaudís im Maßstab 1:20 und 1:25 digitalisiert werden können. Dabei handelt es sich um einen Bestand von nahezu zehntausend Objekten, von kleinen Fragmenten bis zu sehr großen Stücken.

Das Museum wird einen eigenen Eingang von der Calle Mallorca her haben. Es wird über eine große Eingangshalle mit den entsprechenden Informationsdiensten und unterschiedlichen Kartenschaltern für Gruppen, Schulen, Einzelpersonen etc. verfügen. Die Werkstatt von Subirach und anderer Künstler wird für die Öffentlichkeit zugänglich sein. Vermittelt werden sollen auch die Bemühungen der verschiedenen Architekten, die die Arbeiten über die Jahre geleitet haben und die große Bandbreite an Bautechnologien, die in der Kirche seit der Grundsteinlegung zur Anwendung kamen.

Vier Aufzüge und Treppen werden den Zugang zu den Glockentürmen an der Fassade der Herrlichkeit ermöglichen, zu den Choremporen, den Triforien und zum Aussichtspunkt am Kreuz, das die Kirche krönen wird. Diese Fassade wird zunächst nicht in ihrer vollständigen Höhe von 120 Metern fertiggestellt, um die vorhergehende Konstruktion der Turmgruppe über dem Querhaus und des Kreuzes an der Spitze der Kirche zu ermöglichen.

Die Arbeit der Modellbauer wird durch Glasfenster zu beobachten sein, ebenso wie Gaudís verschiedene Entwicklungsschritte hin zur Umsetzung der „Neuen Architektur", die er beabsichtigt. Die drei Hauptkapellen und der Chorumgang

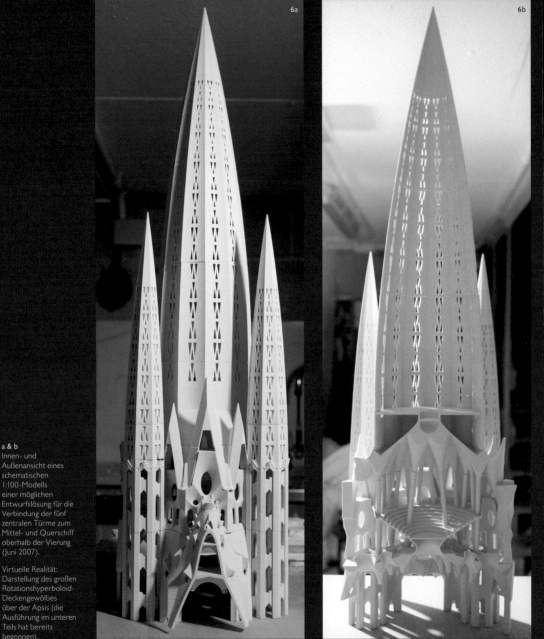

6a

6b

der Sagrada Família werden für die Gläubigen ständig geöffnet sein. Mit den Triforien und den Querschifftribünen bietet die Kirche bei besonderen Anlässen 10.000 Gläubigen Platz. Die Galerien der Seitenschiffe und die Chorempore sind für 1200 Sänger ausgelegt, weitere 300 Mitglieder des Kinder- und Frauenchores finden in der Apsis Platz. Das Presbyterium hat Raum für bis zu 350 Konzelebranten mit der bischöflichen Kathedrale mit Kanzel und Altar. Letzterer wird aus einem einzigen Porphyrblock bestehen und soll am Triumphbogen platziert werden, also zwischen den beiden Säulen, die den Aposteln Petrus und Paulus gewidmet sind. Wenn man das große Portal am Fuße des großen Hyperboloids betritt, das die Apsis in einer Höhe von 75 Metern abschließt, blickt man direkt auf ein Kunstwerk aus Fliesen und venezianischem Glas, das Gott den Schöpfer darstellt, exakt wie Gaudí es sich vorgestellt hat, hergestellt jedoch von seinen Nachfolgern.

Es ist schwer, ein Programm für die Zukunft zu erstellen, denn die Einzigartigkeit des Vorhabens macht es unmöglich, im Voraus zu wissen, wieviel Zeit der Bau der restlichen zehn Türme in Anspruch nehmen wird. Es ist etwas völlig anderes, ob man in einer Höhe von 20 Metern baut oder in einer Höhe von 100 oder 170 Metern.

Die Bereitschaft der vielen Menschen, die zur Weiterführung der Arbeiten an der Sagrada Família beitragen, ist von entscheidender Bedeutung. Diese Kirche wird offen für alle Menschen sein. Sie ist das gebaute Kredo der christlichen Botschaft und bietet Raum, um sich zu versammeln, einen Raum für Frieden und Brüderlichkeit für die ganze Familie der Menschen.

Jordi Bonet i Armengol
Dr. Arch., Chefarchitekt und Direktor der Bauarbeiten an der Sagrada Família, Präsident der Reial Acadèmia Catalana de Belles Arts de Sant Jordi.

BILDNACHWEIS